“一带一路”营商环境法治保障系列

赵旭东 总主编

李建伟 朱晓娟 吴高臣 副总主编

中国法律制度概览

胡利玲 主编 张 晶 副主编

中国民主法制出版社

图书在版编目（CIP）数据

中国法律制度概览/胡利玲主编．—北京：中国民主法制出版社，2019.8

（“一带一路”营商环境法治保障系列）

ISBN 978-7-5162-2052-8

Ⅰ.①中…　Ⅱ.①胡…　Ⅲ.①司法制度—概况—中国
Ⅳ.①D926

中国版本图书馆 CIP 数据核字（2019）第 180122 号

图书出品人：刘海涛
出版统筹：乔先彪
责任编辑：逯卫光

书名/中国法律制度概览
ZHONGGUOFALÜZHIDUGAILAN

作者/胡利玲　主　编
张　晶　副主编

出版·发行/中国民主法制出版社
地址/北京市丰台区右安门外玉林里 7 号（100069）
电话/（010）63055259（总编室）　63057714（发行部）
传真/（010）63056975　63056983
http：// www. npcpub. com
E-mail：mzfz@ npcpub. com
经销/新华书店
开本/16 开　787 毫米 ×960 毫米
印张/14.25　**字数**/209 千字
版本/2019 年 8 月第 1 版　2019 年 8 月第 1 次印刷
印刷/北京天宇万达印刷有限公司

书号/ISBN 978-7-5162-2052-8
定价/48.00 元

◉总序

习近平总书记在2013年提出建设“丝绸之路经济带”和“21世纪海上丝绸之路”的构想，五年多来，在各参与方的共同努力下，“一带一路”倡议从理念转化为行动，从愿景转变为现实，构建起了各自优势互补、彼此互联互通的国际合作平台。

党的十九大报告指出，要以“一带一路”建设为重点，坚持“引进来”和“走出去”并重，加强创新能力开放合作，形成陆海内外联动、东西双向互济的开放格局。同时，党的十九大通过修改的党章明确指出：遵循共商共建共享原则，推进“一带一路”建设。推进“一带一路”建设写入党章，必将为新时代共建“一带一路”，共建人类命运共同体进一步指明方向，注入强劲动力。

随着我国“一带一路”建设的深入推进，营造互信互通的法治营商环境，为投资贸易合作方提供全面周到的法律支持，切实维护中外当事人的合法权益便提上了日程。因此，为了增进“一带一路”建设沿线各国的彼此沟通，积极建立成员方统一认知和公正高效的司法保障体系，切实保障“一带一路”建设成果的不断扩大，我们推出了《“一带一路”营商环境法治保障系列》图书。

本系列图书构建了“一带一路”法治保障服务体系，主要介绍了投资贸易、产业合作、公正司法、纠纷解决、劳工保护等领域的法律制度，从而以保护中外当事人合法权益，维护公平竞争、诚实守信、和谐共赢的区域合作大环境。本系列图书体例科学，通俗易懂，旨在加强中国与“一带一路”沿线国家的“政策沟通”和“法治互信”，通过向国际社会展示我国法律制度的建设成就，以此提升我国法律的国际影响力。

《“一带一路”营商环境法治保障系列》图书作为“一带一路”建设的法治保障参考适用读物，旨在为沿线各国加强法律制度的交流互鉴，旨在全面落实我国“一带一路”建设的任务要求，全面构建“一带一路”建设中的法治保障体系，以便全球共享“一带一路”的建设成果。

赵旭东*
2019 年 8 月

---

* 赵旭东，中国法学会商法学研究会会长，中国政法大学教授。

目录

第一章　中国法律制度概述 …… 001

第一节　中国的立法体制 …… 001

一、立法体制 …… 001

二、法律渊源 …… 004

第二节　中国的法律体系 …… 009

一、法律体系 …… 009

二、中国法律体系的特色 …… 010

三、中国法律体系的构成 …… 010

第二章　中国的宪法制度 …… 017

第一节　中国宪法的制定和发展 …… 017

一、宪法的发展 …… 017

二、宪法修正案 …… 019

第二节　中国宪法的基本原则 …… 024

一、人民主权原则 …… 024

二、基本人权原则 …… 025

三、法治原则 …… 026

四、权力制约原则 …… 027

第三节　国家基本制度 …… 028

一、经济制度 …… 028

二、政治制度 …… 031

三、文化制度 …… 039

第四节　公民的基本权利和义务 …… 042

一、基本权利 …… 043

二、中国公民的基本义务 …… 054
第五节 国家机构 …… 057
一、中央国家机关 …… 058
二、地方国家机关 …… 065

第三章 行政法律制度 …… 070

第一节 行政法律制度概述 …… 070
第二节 行政法律制度的基本原则 …… 071
一、依法行政原则 …… 072
二、合理行政原则 …… 072
三、程序正当原则 …… 073
四、高效便民原则 …… 073
五、诚实守信原则 …… 074
第三节 行政主体法律制度 …… 076
一、行政组织法 …… 076
二、公务员法 …… 076
第四节 行政行为法律制度 …… 081
一、抽象行政行为 …… 081
二、具体行政行为 …… 082
第五节 行政救济的法律制度 …… 092
一、行政复议 …… 092
二、行政诉讼 …… 093

第四章 民商事法律制度 …… 096

第一节 民商事法律制度的体系 …… 096
第二节 民商事法律制度的基本原则 …… 097
一、民事法律制度基本原则 …… 097
二、商事法律制度基本原则 …… 097
第三节 民商事主体制度 …… 099
一、自然人制度 …… 100
二、法人制度 …… 101

三、非法人组织 …… 103
第四节　民商事权利制度 …… 108
一、物权制度 …… 108
二、债权制度 …… 113
三、知识产权制度 …… 115

第五章　经济法律制度 …… 120

第一节　经济法的基本原则 …… 120
一、平衡协调原则 …… 120
二、维护公平竞争原则 …… 121
三、责任权利相统一原则 …… 121
第二节　竞争法 …… 122
一、反不正当竞争 …… 122
二、反垄断 …… 125
第三节　消费者法 …… 129
一、消费者权益保护法 …… 129
二、产品质量法 …… 133
三、食品安全法 …… 134
第四节　银行法律制度 …… 138
第五节　财税法律制度 …… 141
一、税收的基本原则 …… 142
二、税收征收管理制度 …… 143
三、税收实体法律制度 …… 145

第六章　社会法律制度 …… 151

第一节　社会法的基本原则 …… 151
一、权利保障普遍原则 …… 152
二、适度保障原则 …… 152
三、平等性原则 …… 152
四、向社会弱势群体倾斜原则 …… 153
第二节　劳动法律制度 …… 155

一、劳动法概述 …… 155
二、劳动法的基本内容 …… 156
三、劳动者的权利及其义务 …… 156
四、劳动争议的处理制度 …… 157
第三节 社会保障法律制度 …… 160
一、社会保障法概述 …… 161
二、养老保险法律制度 …… 162
三、医疗保险法律制度 …… 165
四、工伤保险法律制度 …… 166
五、失业保险法律制度 …… 168
六、生育保险法律制度 …… 169
七、社会福利法律制度 …… 170

第七章 刑事法律制度 …… 175

第一节 刑法概述 …… 175
一、刑法的概念及特征 …… 175
二、刑法的体系和解释 …… 176
三、刑法的基本原则 …… 176
四、刑法的效力范围 …… 177
第二节 犯罪的主要内容 …… 180
一、犯罪的构成 …… 180
二、故意犯罪的停止形态 …… 183
三、一罪与数罪 …… 184
四、共同犯罪 …… 185
五、正当防卫与紧急避险 …… 187
第三节 刑罚的基本内容 …… 189
一、刑罚种类 …… 189
二、量刑 …… 191
三、刑罚执行制度 …… 193
四、刑罚消灭制度 …… 194
第四节 刑法分论 …… 196

一、危害国家安全罪 …… 197
二、危害公共安全罪 …… 197
三、破坏社会主义市场经济秩序罪 …… 197
四、侵犯公民人身权利、民主权利罪 …… 198
五、侵犯财产罪 …… 198
六、妨害社会管理秩序罪 …… 198
七、贪污贿赂罪 …… 198
八、渎职罪 …… 199

第八章 司法制度 …… 202

第一节 人民法院 …… 202
一、人民法院的性质 …… 202
二、人民法院的组织系统 …… 203
三、人民法院的职权 …… 204
四、人民法院的领导体制 …… 205
五、人民法院的工作原则和基本制度 …… 205
第二节 人民检察院 …… 210
一、人民检察院的性质 …… 210
二、人民检察院的组织系统 …… 211
三、人民检察院的职权 …… 211
四、人民检察院的领导体制 …… 212
五、人民检察院的工作原则 …… 214
第三节 人民法院、人民检察院和公安机关的关系 …… 216

第一章

中国法律制度概述

第一节　中国的立法体制

【规则要点】

立法权是一定的国家机关依法享有的创制、认可、修改或者废止规范性法律文件的权力，是国家权力体系中的最重要、最核心的权力。根据中国宪法“遵循在中央的统一领导下，充分发挥地方的主动性、积极性的原则”，《中华人民共和国立法法》确立了中国统一的、分层次的立法体制。

【理解与适用】

一、立法体制

立法体制是关于立法权限配置方面的组织制度，其核心是立法权限的划分问题，即一个国家关于立法主体及其立法权限划分的制度。它既包括中央国家机关和地方国家机关关于立法权限划分的制度，也包括中央国家机关之间以及地方各级国家机关之间关于法律制定权限划分的制度。

中国现行的立法体制既不同于联邦国家的二元或者多元结构立法体制，也不同于单一国家的一元立法体制，而是既统一又分层次的立法体制。

中国是统一的、单一制的国家，同时地域大、各地方的经济社会发展不平衡。与这一国情相适应，在最高国家权力机关集中行使立法权的前提下，为了使中国法律既能通行全国，又能适应各地方不同情况的需要，根据宪法“遵循在中央的统一领导下，充分发挥地方的主动性、积极性的原则”，《中华人民共和国立法法》确立了中国统一的、分层次的立法体制。

（一）全国人大及其常委会行使国家立法权

根据宪法，全国人民代表大会负责修改宪法。修宪权是最高的立法权，只能由全国人民代表大会行使；全国人民代表大会还行使制定和修改刑事、民事、国家机构的和其他的基本法律的职权。全国人大常委会制定和修改除应当由全国人民代表大会制定的法律以外的其他法律；在全国人民代表大会闭会期间，对全国人民代表大会制定的法律进行部分补充和修改，但不得同该法律的基本原则相抵触。

关于全国人大及其常委会的专属立法权，根据宪法规定和多年立法实践，立法法第 8 条规定了 11 个方面的事项只能制定法律，涉及国家主权、基本政治制度、经济制度、公民的基本权利义务等方面。

（二）国务院根据宪法和法律，制定行政法规

作为最高国家行政机关，国务院可以“根据宪法和法律规定行政措施，制定行政法规，发布决定和命令。”根据立法法第 9 条规定：“本法第八条规定的事项尚未制定法律的，全国人民代表大会及其常务委员会有权作出决定，授权国务院可以根据实际需要，对其中的部分事项先制定行政法规，但是有关犯罪和刑罚、对公民政治权利的剥夺和限制人身自由的强制措施和处罚、司法制度等事项除外。”应当由全国人民代表大会及其常务委员会制定法律的事项，国务院根据全国人民代表大会及其常务委员会的授权决定先制定的行政法规，经过实践检验，制定法律的条件成熟时，国务院应当及时提请全国人民代表大会及其常务委员会制定法律。

（三）地方人大及其常委会制定地方性法规

一是省、自治区、直辖市的人大及其常委会根据本行政区域的具体情况和实际需要，在不同宪法、法律、行政法规相抵触的前提下，可以制定地方性法规。

二是设区的市、自治州的人大及其常委会根据本市、州的具体情况和实际需要，在不同宪法、法律、行政法规和本省、自治区的地方

性法规相抵触的前提下，可以对城乡建设与管理、环境保护、历史文化保护等方面的事项制定地方性法规，报省、自治区的人大常委会批准后施行。

（四）民族自治地方制定自治条例和单行条例

自治区、自治州、自治县的人大有权依照当地民族的政治、经济和文化的特点，制定自治条例和单行条例并经批准生效。自治条例和单行条例可以依照当地民族的特点，对法律和行政法规的规定作出变通规定，但不得违背法律或者行政法规的基本原则，不得对宪法和民族区域自治法的规定以及其他有关法律、行政法规专门就民族自治地方所作的规定作出变通。目前，中国155个民族自治地方共制定了130多件自治条例、700多件单行条例、60多件变通和补充规定。

（五）经济特区经授权制定经济特区法规

经济特区所在地的省、市的人大及其常委会根据全国人大的授权决定，可以制定经济特区法规，在经济特区范围内实施。全国人大及其常委会于1988年至1996年分别通过了对海南省、深圳市、厦门市、汕头市和珠海市制定经济特区法规的授权决定。

（六）国务院部委及地方政府制定规章

国务院各部、委员会、中国人民银行、审计署和具有行政管理职能的直属机构，可以根据法律和国务院的行政法规、决定、命令，在本部门的权限范围内，制定规章。省、自治区、直辖市和设区的市、自治州的人民政府，可以根据法律、行政法规和本省、自治区、直辖市的地方性法规，制定规章。2015年修改立法法，第80条对规章的权限作了进一步规范，其中规定："没有法律或者国务院的行政法规、决定、命令的依据，部门规章不得设定减损公民、法人和其他组织权利或者增加其义务的规范，不得增加本部门的权力或者减少本部门的法定职责。"制定地方政府规章，没有法律、行政法规、地方性法规依据，不得设定减损公民、法人和其他组织权利或者增加其义务的规范。

概括来说，即在全国人民代表大会及其常委会统一行使立法权的同时，还赋予其他国家机关相应的立法权；从性质上说，行政法规是对国家法律的补充，地方立法是对中央立法的补充，都是中国特色社会主义法律体系的组成部分。

二、法律渊源

当代中国的法律渊源主要是以宪法为核心，以制定法为主。包括宪法、法律、行政法规、地方性法规、自治条例和单行条例、行政规章、特别行政区的法律、国际条约和国际惯例。

（一）宪法

宪法是中国的根本法，是中国特色社会主义法律体系的核心和统帅。宪法具有最高的法律地位和效力，一切法律、法规和其他规范性文件都不能和宪法的规定相抵触。

同普通法律相比，宪法规定的是国家最基本、最重要的问题，其内容包括基本制度、原则、方针政策，公民的基本权利和义务，国家机关的职权、组成等内容；普通法律则只规定了社会或者国家生活中某一特定领域的问题。宪法的制定和修改也区别于普通法律：宪法是由中国的最高权力机关——全国人民代表大会制定和修改的。相较于普通法律，宪法的修改程序也更加严格：宪法的修改必须由全国人大常委会或1/5以上的全国人大代表提议，并由全国人大代表的2/3以上多数通过。在中国，宪法的实施监督由全国人大常委会进行，全国人大常委会同时也行使对宪法的解释职权。

（二）法律

法律在中国有广义和狭义两种理解。广义上的法律包括一切有权国家机关创制的一切规范性文件；狭义上的法律仅指全国人大及其常委会制定的规范性文件。此处的法律是在狭义的，即指全国人大及其常委会制定的法律。法律在地位和效力上是仅次于宪法的。

根据现行宪法的规定，法律可以分为基本法律和基本法律以外的法律。基本法律是由全国人民代表大会制定和修改的，比较全面地规定和调整国家及社会生活某一方面的基本社会关系的法律，包括有关刑事、民事、国家机构和其他方面的基本法律；基本法律以外的法律是指由全国人大常委会制定和修改，规定和调整基本法律调整以外的、关于国家和社会生活某一方面的具体问题的关系的法律。此外，全国人民代表大会及其常委会发布的具有规范性内容的决定和决议，也属于法律渊源。在全国人民代表大会闭会期间，全国人大常委会有权在不同该法律基本原则相抵触的情况下对全国人大制定的法律进行部分补充和修改。

但是，我们需要特别注意的是有些事项只能由法律进行规定。中国立法法第 8 条规定，下列事项只能由法律加以规定：国家主权的事项；各级人民代表大会、人民政府、人民法院和人民检察院的产生、组织和职权；民族区域自治制度、特别行政区制度、基层群众自治制度；犯罪和刑罚；对公民政治权利的剥夺、限制人身自由的强制措施和处罚；税种的设立、税率的确定和税收征收管理等税收基本制度；对非国有财产的征收、征用；民事基本制度；基本经济制度以及财政、海关、金融和外贸的基本制度；诉讼和仲裁制度；必须由全国人民代表大会及其常务委员会制定法律的其他事项。

（三）行政法规

作为法律渊源的行政法规是指由国家最高行政机关——国务院在法定职权范围内制定有关国家行政管理的规范性文件，其效力仅次于宪法和法律。此外，国务院发布的命令和决定中具有规范性内容的，也是法律渊源。在中国，行政法规的数量超过全国人大及其全国人大常委会制定的法律数量。

国务院制定的行政法规不得与宪法、法律相抵触，否则全国人大常委会有权对该行政法规予以撤销。

我们同时还要注意行政法规的名称问题，《行政法规制定程序条例》第 5 条明确规定："行政法规的名称一般称'条例'，也可以称'规定'、'办法'等。国务院根据全国人民代表大会及其常务委员会的授权决定制定的行政法规，称'暂行条例'或者'暂行规定'。国务院各部门和地方人民政府制定的规章不得称'条例'。"

（四）地方性法规

地方性法规是指省、自治区和直辖市的人民代表大会及其常委会根据本地区的具体情况和实际需要，在法定权限范围内制定发布的适用于本地区的规范性文件。根据宪法、立法法和有关法律的规定，省、自治区和直辖市的人民代表大会及其常委会在不同宪法、法律和行政法规相抵触的前提下，可以制定和发布适用于本地区的地方性法规，但要报全国人大常委会和国务院备案。设区市的人民代表大会及其常委会，也可以制定地方性法规，经省、自治区的人民代表大会常务委员会批准后施行，并由省、自治区人大常委会报全国人大常委会备案。

地方性法规可以规定的具体事项包括：为执行法律、行政法规的规定，需要根据本行政区域的实际情况作具体规定的事项；属于地方性事务需要制定地方性法规的事项。

设区的市的人民代表大会及其常务委员会可以制定地方性法规的范围为：城乡建设与管理、环境保护、历史文化保护等方面的事项；但法律对设区的市制定地方性法规的事项另有规定的，从其规定。

（五）自治条例和单行条例

民族区域自治是中国的一项基本政治制度。民族自治地方的自治机关与一般地方国家机关实行同样的组织原则和领导制度的同时，还拥有一定的自治权。自治权是民族区域自治制度的核心，是自治机关管理本地方、本民族内部事务的自主权。自治权重要的表现之一是制定自治条例和单行条例。

自治条例是由民族自治地方的人大制定的、有关本地区实行民族区域自制的基本组织原则、机构设置、自治机关的职权、活动原则、工作制度以及其他的各种有关重大问题的规范性文件。单行条例是由民族自治地方的人大在自治权的范围内根据当地民族的政治、经济、文化等各方面的特点，针对某一方面的具体问题而制定的，在本区域内实施的规范性文件。自治区的自治条例和单行条例，报全国人大常委会批准后生效；自治州、自治县的自治条例和单行条例，报省、自治区、直辖市的人大常委会批准后生效，并报全国人大常委会和国务院备案。

（六）行政规章

行政规章是行政性法律文件，从制定机关角度可以分为两类：一是部门规章，即国务院所属各部委、中国人民银行、审计署和具有行政管理职能的直属机构在自己的职权范围内发布的规章；二是省、自治区、直辖市和设市的人民政府根据行政法规和本省、自治区、直辖市的地方性法规制定的规章。

（七）特别行政区的法律

《中华人民共和国宪法》第31条规定："国家在必要时得设立特别行政区。在特别行政区内实行的制度按照具体情况由全国人民代表大会以法律规定。"特别行政区制度是中国"一国两制"理论的具体化和法律化。

1990年通过的《中华人民共和国香港特别行政区基本法》和1993年通过的《中华人民共和国澳门特别行政区基本法》是以一国两制为指导方针的。特别行政区依然是中国一级地方行政区域，直辖于中央人民政府，受中央人民政府统一管辖。

除此之外，同民族区域的自治权类似，特别行政区也拥有一定的自治权：特别行政区享有立法权、行政管理权、独立的司法权和终审权；保留原有的资本主义制度和生活方式50年不变；由当地人管理；特别行政区原有的法律不变。

但是，特别行政区的自治权是有一定的限度的，并非绝对的自治。依据上述两个基本法的规定，中央对特别行政区行使的权力有：负责管理与特别行政区有关的外交事务，负责管理特别行政区的防务，任命特别行政区的行政长官和行政机关的主要官员，决定特别行政区进入紧急状态，解释、修改特别行政区的基本法等。

（八）国际条约和国际惯例

国际条约是两个或两个以上国家就政治、经济、贸易、军事、法律、文化等方面的问题确定其相互权利义务关系的协议。国际条约是国际法的重要渊源，但是中国签订或者加入的国际条约，具有与国内法一样的约束力，也是中国重要的法律渊源之一。除条约外，国际条约的名称还包括公约、协定、合约、盟约、换文、宣言、声明或者公报等。

《中华人民共和国缔结条约程序法》规定，国务院同外国缔结条约和协定；全国人大常委会决定同外国缔结的条约和重要协定的批准和废除；中华人民共和国主席根据全国人大常委会决定，批准和废除外国缔结的条约和协定。同时还规定加入多边条约和协定，分别由全国人大或国务院决定；接受多边条约和协定由国务院决定。

国际惯例是在国际交往中逐渐形成的一些习惯做法和先例，通常是不成文的。国际惯例是对国际条约的补充。

【法律风险】

各立法机构需要在权限范围内进行立法活动，否则超越立法权限、违反上位法制定的法律规范会被改变或撤销。由国家机关依照一定的程序制定和颁布，通常以条文形式表现的规范性法律文件构成中国法律的正式渊源。

【法条指引】

中华人民共和国立法法（节录）

第七条 全国人民代表大会和全国人民代表大会常务委员会行使国家立法权。

全国人民代表大会制定和修改刑事、民事、国家机构的和其他的基本法律。

全国人民代表大会常务委员会制定和修改除应当由全国人民代表大会制定的法律以外的其他法律；在全国人民代表大会闭会期间，对全国人民代表大会制定的法律进行部分补充和修改，但是不得同该法律的基本原则相抵触。

第六十五条 国务院根据宪法和法律，制定行政法规。

行政法规可以就下列事项作出规定：

（一）为执行法律的规定需要制定行政法规的事项；

（二）宪法第八十九条规定的国务院行政管理职权的事项。

应当由全国人民代表大会及其常务委员会制定法律的事项，国务院根据全国人民代表大会及其常务委员会的授权决定先制定的行政法规，经过实践检验，制定法律的条件成熟时，国务院应当及时提请全国人民代表大会及其常务委员会制定法律。

第七十二条第一款 省、自治区、直辖市的人民代表大会及其常务委员会根据本行政区域的具体情况和实际需要，在不同宪法、法律、行政法规相抵触的前提下，可以制定地方性法规。

第八十七条 宪法具有最高的法律效力，一切法律、行政法规、地方性法规、自治条例和单行条例、规章都不得同宪法相抵触。

第八十八条 法律的效力高于行政法规、地方性法规、规章。

行政法规的效力高于地方性法规、规章。

第八十九条 地方性法规的效力高于本级和下级地方政府规章。

省、自治区的人民政府制定的规章的效力高于本行政区域内的设区的市、自治州的人民政府制定的规章。

第九十条 自治条例和单行条例依法对法律、行政法规、地方性法规作变通规定的，在本自治地方适用自治条例和单行条例的规定。

经济特区法规根据授权对法律、行政法规、地方性法规作变通规定的，在本经济特区适用经济特区法规的规定。

第九十一条 部门规章之间、部门规章与地方政府规章之间具有同等效力，在各自的权限范围内施行。

第九十二条 同一机关制定的法律、行政法规、地方性法规、自治条例和单行条例、规章，特别规定与一般规定不一致的，适用特别规定；新的规定与旧的规定不一致的，适用新的规定。

第二节　中国的法律体系

【规则要点】

法律体系是由部门法构成的，而部门法是同类法律规范的总称。二者是体系与要素之间的关系，部门法的变化会影响中国法律体系的稳定。2010 年形成了以宪法为统帅，宪法相关法、行政法、民商法、经济法、社会法、刑法和诉讼与非诉讼程序法等法律部门组成的中国特色社会主义法律体系，在新时代，中国特色社会主义法律体系必将继续发展和完善。

【理解与适用】

一、法律体系

法律体系是指一国的部门法体系。它是将一国现行的全部法律规范根据一定的原则和标准划分成不同的法律部门，并由这些法律部门所构成的具有内在联系的统一整体。法律体系是指由一国现行法律规范构成的体系，即不包括具有完整意义的国际法范畴，也不包括已经宣布废止的法律和尚未制定或者虽然制定颁布但是还尚未生效的法律。

在法律体系的概念中，涉及一个新的概念——部门法。部门法又称法律部门，是指根据一定的原则和标准划分的本国同类法律规范的总称。法律部门也是法律分类的一种形式。通常，凡是调整同一种社会关系的法律规范的总和即构成一个相对独立的法律部门。在中国，划分法律部门的标准一般是法律调整对象和法律调整的方法。法律调整的对象是划分法律部门的第一标准，法律调整的方法是划分法律部门的辅助标准。划分法律部门的原则主要包括以下几个原则：客观原则、合目的性原则、适当平衡原则、辩证发展原则、相对稳定原则、主次原则等，其中首先应当坚持的原则是合目的性原则。

法律部门的特征主要有以下几个方面：构成一国法律体系的所有部门法是统一的，各个部门法之间是协调的；法律部门之间既相互联系又相互独立；每个法律部门的结构和内容既是基本确定的，又是相对变动的；法律部门的划分既是主观的又是客观的。

二、中国法律体系的特色

中国的法律体系是产生于中国的社会主义经济基础之上，并为中国社会主义经济建设基础服务的上层建筑之一。最大的特色就是根源于中国社会主义初级阶段的实际国情。

当代的中国法律体系，既与人类政治文明发展的普遍性原则相一致，又与中国社会主义初级阶段的基本国情相适应，与社会主义的根本任务相协调，具有鲜明的中国特色。这一法律体系的本质是以人为本，反映人民的共同意志，保障人民的根本利益。这一法律体系与国家经济发展和社会进步相适应，为国家的科学发展、和谐发展、和平发展提供法律保障。

在中国的社会主义法律体系中，宪法居于核心和统帅地位，是国家的根本法，具有最高的法律效力。在中国，各族人民、一切国家机关和武装力量、各政党和各社会团体、各企业事业组织，都必须以宪法为根本的活动准则，并负有维护宪法尊严、保障宪法实施的职责。

中国特色社会主义法律体系是开放的和发展的。中国正处于社会转型期，法律体系具有阶段性和前瞻性特点，今后仍将继续制定新的法律和修改现有的法律，以使中国的法律体系不断完善和发展。

三、中国法律体系的构成

中国当代的法律体系，部门齐全、层次分明、结构协调、体例科学。

宪法是中国特色社会主义法律体系的核心和主导性的法律部门，是其他部门法所有规范性法律文件的最高依据，处于特殊的法律地位。它不仅反映了当代中国法的本质和基本原则，也确定了其他法律部门的指导原则。因此，宪法是中国特色社会主义法律体系的统帅。

构成中国当代法律体系的法律部门主要有：宪法及宪法相关法、民法商法、行政法、经济法、社会法、刑法和诉讼与非诉讼程序法 7 个法律部门。本书主要以此为主线对中国法律体系进行介绍。

（一）宪法及宪法相关法

宪法规定了一个国家的性质、政治制度、公民基本权利和义务等重大问题。宪法相关法，就是直接保障宪法上述规定的实施和国家政权运作等方面的法律规范的总和。宪法相关法调整的是国家机关之间、国家与公民之间的法律关系，在维护国家主权，保证国家政权的运作，保障人民当家作主的权利，促进民主政治和法制建设方面，发挥着重要作用。

宪法相关法主要包括 4 个方面，大多属于全国人大及其常委会的专属立法权限，现行有效的法律约 40 件。一是有关国家机构的产生、组织、职权和基本工作制度方面的法律。已经制定了选举法、代表法、全国人大组织法、国务院组织法、法院组织法、检察院组织法、地方人大和地方政府组织法、立法法、监督法、全国人大议事规则、全国人大常委会议事规则等。二是有关民族区域自治制度、特别行政区制度、基层群众自治制度方面的法律。已经制定了民族区域自治法、香港特别行政区基本法、澳门特别行政区基本法、村民委员会组织法、居民委员会组织法等。三是有关维护国家主权、领土完整和国家安全方面的法律。已经制定了国旗法、国徽法、国籍法、领海及毗连区法、专属经济区和大陆架法、戒严法、反分裂国家法等。四是有关保障公民基本政治权利方面的法律。除了选举法外，还制定了集会游行示威法等。

可以说，在宪法相关法的基本方面已经制定了相应法律。今后的主要任务是适时修改已出台的法律，如居民委员会组织法，两院组织法、地方组织法等，并制定新的相关法律。

（二）民法商法

民法商法，是指规范社会民事和商事活动的法律规范的总和。民法商法调整的是自然人、法人和其他组织之间以平等地位而发生的各种法律关系，可称为横向关系。

民法是一个传统的法律部门，是调整平等主体的自然人之间、法人之间、自然人和法人之间的财产关系和人身关系（同一类社会关系）。民法主体之间地位完全平等，谁也不能把自己的意志强加于另一方，只能通过协商，在平等、自愿的基础上达成协议。所以，民法的基本原则（调整方法），是平等、自愿、等价、有偿、公平和诚实信用（同一种调整方法）。这是民法区别于其他法律部门的重要特征。

商法是民法中的一个特殊部分，是在传统民法基础上为适应现代商事交易迅速便捷的需要而发展起来的一个新的民法部门。商法调整的是自然人、法人之间的商事关系，主要包括公司、破产、证券、期货、保险、票据、海商等方面的法律。

目前，中国在民法商法方面的有效法律30多件。在传统民事法律方面，制定了民法通则、民法总则、合同法、物权法、担保法、侵权责任法、涉外民事关系法律适用法、婚姻法、继承法、收养法、商标法、专利法、著作权法、拍卖法、消费者权益保护法等；在商事法律方面，制定了公司法、合伙企业法、个人独资企业法、中外合资经营企业法、中外合作经营企业法、外资企业法、证券法、证券投资基金法、保险法、票据法、海商法、商业银行法、企业破产法、招标投标法、信托法等。

民法商法这个法律部门中的大部分法律已经制定。今后的主要任务：一是根据需要适时修改有关法律；二是编纂统一的民法典。

（三）行政法

行政法，是指规范国家行政管理活动和监督行政管理活动的法律规范的总和。行政法调整的是行政机关与公民、法人和其他组织之间因行政管理活动而发生的法律关系。行政法的基本精神是，既要保证行政管理效率，又要维护公民、法人和其他组织的合法权益，使两者都得到兼顾，保持平衡。

行政法制建设的链条比较清楚，从实体到程序再到对行政行为的监督有一系列法律。实体法上，全国人大及其常委会根据行政管理的需要，相继制定了80件左右现行有效的行政法律，涉及国防、外交、国家安全、治安管理、司法行政、城市建设、环境保护以及教育、科技、文化、卫生、体育等方面，使各相应行政管理部门的法律大体齐备。这些法律对各项行政管理事项的管理体制、权限、原则、程序、法律责任等都作了规定，为各行政管理机关的工作提供了法律依据，并规范了他们的管理行为，促进了依法行政。

从程序法上看，还缺一部规范各种具体行政行为的统一的行政程序法。具体行政行为，包括行政许可即行政审批、行政收费、行政处罚、行政强制等，这几种具体行政行为在实施中行政权强大，公民权弱小，须通过立法既赋予政府应有的职权，维护政府权威和有效管理，同时又通过法律确定的原则、制度制约行政权，保护公民权。考虑到制定一部统一的、几种具体行为都包括在内的行政程序法难度大，采取了“各个击破”、分别立法的办法。1996 年 3 月全国人大制定了行政处罚法，这是国家从法律制度上第一次全面规范行政机关的行政处罚行为，对实行依法治国具有重要意义。2003 年 8 月通过了行政许可法，这是中国民主法制建设的又一件大事，在很大程度上促进了政府对经济社会事务管理的进一步制度化、规范化、法制化，有力地推进了政府管理创新和职能转变，对建设法治政府具有极为重要的意义。行政强制法经过全国人大常委会 5 次审议于 2011 年 6 月获得通过。

从对行政权的监督讲，行政法制建设还有两个重要环节。第一个环节是行政机关内部的监督机制，制定了行政监察法、行政复议法和审计法，这三部法律一同构成了行政机关内部的监督体系；第二个环节是外部监督机制，制定了行政诉讼法和国家赔偿法。行政行为是否受到监督和制约，公民权益受到行政行为的不正当侵害时是否可以依正当途径寻求救济，是衡量一个国家民主和法治程度的重要标志。行政诉讼制度和国家赔偿制度正是实现上述途径的有效制度。

可以看出，行政法律部门包括的主要法律已经制定。今后的任务：一是适时修改和制定有关法律，二是在规范行政行为方面，还有行政收费法没有制定，同时要着手制定统一的行政程序法。

（四）经济法

经济法，是指规范国家对经济进行宏观管理或调控活动的法律规范的总和。经济法是国家在干预市场过程中逐渐发展起来的一个新兴的法律部门。经济法一方面与民商法联系紧密，另一方面又与行政法联系紧密，是从这两个法律部门发展、分离出来的一个独立的法律部门。

经济法对规范政府行为，促进政府职能的转变，提高依法管理水平，既保证市场在资源配置中的主导地位，又发挥政府在经济管理中的优势，解决市场自身解决不了的问题，维护公平竞争的市场经济秩序，促进经济的健康和可持续发展，发挥着重要作用。

经济法包括6个方面，现行有效的法律60件左右。

一是有关宏观调控方面的法律。制定了预算法、审计法、中国人民银行法、价格法、个人所得税法、企业所得税法、车船税法、税收征管法、银行业监督管理法、企业国有资产法等。

二是有关规范市场秩序和竞争规则方面的法律。制定了反垄断法、反不正当竞争法、产品质量法、广告法、政府采购法、证券投资基金法、反洗钱法等。

三是有关扩大对外开放和促进对外经济贸易发展方面的法律。制定了对外贸易法、进出口商品检验法、进出境动植物检疫法等。

四是有关促进重点产业振兴和发展方面的法律。制定了农业法、铁路法、公路法、电力法、煤炭法、建筑法、城市房地产管理法、港口法等。

五是有关自然资源保护和合理开发利用方面的法律。制定了土地管理法、森林法、草原法、水法、水土保持法、矿产资源法、循环经济促进法等。

六是有关经济活动规范化、标准化方面的法律。已经制定了标准化法、计量法、统计法、测绘法等。

（五）社会法

社会法是调整国家在解决社会问题和促进社会公共事业发展的过程中产生的各种社会关系的法律规范的总称，其主要功能在于解决社会问题，促进社会事业的发展。社会法现行有效的法律20件左右。该部门的法律规范主要包括：一是有关劳动关系、劳动保障和社会保障方面的法律。制定了劳动法、劳动合同法、工会法、矿山安全法、职业病防治法、安全生产法、就业促进法、社会保险法、军人保险法等。二是有关特殊社会群体权益保障方面的法律。制定了残疾人保障法、未成年人保护法、预防未成年人犯罪法、妇女权益保障法、老年人权益保障法、归侨侨眷权益保护法、红十字会法、公益事业捐赠法等。

（六）刑法

刑法，是指规定犯罪、刑事责任和刑事处罚的法律规范的总和。刑法是一个传统的法律部门，与其他法律部门比较，具有两个显著特点：一是所调整的社会关系最广泛。其他法律部门一般只调整某一方面的社会关系，而刑法则调整各个方面的社会关系。二是强制性最严厉。其他法律部门也具有强制性，但都没有刑法严厉。刑法是保证其他法律有效实施的后盾，是国家和社会同违法犯罪行为作斗争的最重要也是最后的手段。所以，刑法在维护国家和社会安全、稳定和发展，保护公民的政治权利、人身权利和财产权利，保障市场经济的健康有序发展等各个方面，都发挥着重要的作用。

中国于1979年制定了《中华人民共和国刑法》之后，根据改革开放和现代化建设发展的客观实际，又陆续通过了20多个对刑法的修改和补充规定、决定。1997年对刑法进行了全面修订，制定了刑法典。可以说，刑法已经比较完善，今后的任务就是根据实际情况的变化，以修正案或刑法解释的方式，适时对刑法加以完善。1997年以来全国人大常委会已经通过了10个刑法修正案和10多个有关刑法的解释。

（七）诉讼与非诉讼程序法

诉讼与非诉讼程序法，是指规范解决社会纠纷的诉讼活动和非诉讼活动程序的法律规范的总和。在一个法治国家，解决纠纷一般有两种途径，一种是通过诉讼，通常叫“打官司”，由司法机关对纠纷进行审理，作出判决；一种是通过仲裁，由非司法机关的仲裁机构对纠纷进行审理，作出裁决。

中国诉讼分为刑事诉讼、民事诉讼、行政诉讼三种。诉讼法调整的是在诉讼活动过程中产生的法院与诉讼当事人之间、诉讼当事人相互之间的法律关系。目前，中国已经制定了刑事诉讼法、民事诉讼法、行政诉讼法3大诉讼法，分别对这3种诉讼活动进行规范。此外，针对海事诉讼的特殊性，制定了海事诉讼特别程序法，作为民事诉讼法的补充。为了处理国与国之间的犯罪引渡问题，制定了引渡法，作为对刑事诉讼法的补充。

仲裁，是平等主体之间发生民事纠纷的一种非诉讼解决途径。仲裁法，是调整在仲裁活动过程中发生的仲裁机构与当事人之间、当事人相互之间的法律关系。1994年制定了仲裁法，对平等主体的公民、法人和其他组织之间发生的合同纠纷和其他财产权益纠纷的仲裁活动作出规范。此外，制定了劳动争议调解仲裁法、农村土地承包经营纠纷调解仲裁法；还制定了人民调解法，使民间纠纷的调解有法可依。

可以说，目前中国关于诉讼与非诉讼程序法已经比较完备。

【风险提示】

中国特色社会主义法律体系是依法治国基本方略的前提和基础，是中国发展的制度保障。法律体系的构建要合理合法才能体现中国的法律建设成果。

第二章

中国的宪法制度

宪法是国家的根本法，是有关国家权力及其运行规则、国家基本制度以及公民的基本权利和义务的法律规范的总称。

第一节　中国宪法的制定和发展

【规则要点】

宪法是国家的根本法，也是其他法律的“母法”，由总纲；公民的基本权利和义务；国家机构；国旗、国歌、国徽、首都四部分构成。自实施以来，宪法经过多次修改，形成52条修正案。

【理解与适用】

宪法作为中国的根本法，与其他普通法律相比，有其独有的特征。宪法的特征包括形式特征和实质特征。宪法的形式特征为：宪法内容的根本性、效力的最高性、制定和修改程序的特殊性。宪法的实质特征为：宪法是公民权利的保障书、是民主制度法律化的基本形式、是各种政治力量对比关系的集中体现。

一、宪法的发展

（一）宪法的发展历史

1949年9月29日，中国人民政治协商会议第一届全体会议选举了中央人民政府委员会，宣告了中华人民共和国的成立，并通过了《中国人民政治协商会议共同纲领》。《中国人民政治协商会议共同纲领》起临时宪法的作用，除序言以外，共分 7 章 60 条。

1954 年宪法。1954 年 9 月 20 日，第一届全国人民代表大会第一次全体会议通过了第一部《中华人民共和国宪法》，这是中华人民共和国成立后的第一部宪法。该宪法除序言外，分为总纲，国家机构，公民的基本权利和义务，国旗、国徽、首都，共 4 章 106 条。

1975 年宪法。1975 年 1 月 17 日第四届全国人民代表大会第一次会议通过《中华人民共和国宪法》，这是中华人民共和国建立后的第二部宪法。除序言外，该宪法共分为 4 章 30 条。

1978 年宪法。1978 年 3 月 5 日第五届全国人大第一次会议通过了《中华人民共和国宪法》，这是中华人民共和国建立后第三部宪法，宪法共 4 章 60 条。该宪法在内容上坚持了 1954 年宪法一些好的原则和内容，删除了 1975 年宪法的一些错误规定。

1982 年宪法。1982 年 12 月 4 日，第五届全国人大第五次会议通过了《中华人民共和国宪法》，这是中华人民共和国成立后的第四部宪法，也就是现行宪法。除序言外，该宪法分为总纲，公民的基本权利和义务，国家机构，国旗、国徽、首都，共 4 章 138 条。在结构上，该部宪法将公民的基本权利和义务置于国家机构之前，显示出中国对于人权的重视和保障。

（二）现行宪法的内容和特点

中国现行宪法的主要内容有以下几个方面。

第一，总结历史经验，规定了国家的根本任务和指导思想。

第二，发展了民主，恢复完善了国家机构体系。

在内容上：

（1）加强了人民代表大会制度，扩大了人大常委会的职权；

（2）恢复了国家主席的建制，并调整了国家主席的职权；

（3）设立了中央军事委员会，加强党和国家对武装力量的统一领导；

（4）实行了行政和军事系统的个人负责制；

（5）规定了国家领导人员的任期限任制，废除了终身制；

（6）体现了精简国家机构和人员的要求。

第三，强调加强民主与法制，保障公民的基本权利和自由。

宪法关于社会主义民主建设的规定主要表现在以下三个方面。

（1）确认了国家一切权力属于人民的原则，坚持和完善人民代表大会制度；

（2）规定了国家生活中的一系列民主原则，如任期限任制、首长负责制、人大常委会组成人员不得兼任行政机关和司法机关职务等：

（3）扩大了公民的民主权利和自由。

第四，维护国家的统一和民族团结。

为实现我国台湾地区与祖国大陆的统一，恢复行使对我国香港、澳门行使国家主权，宪法从实际出发，根据“一国两制”的原则，规定了设立特别行政区制度；健全了民族区域自治制度，扩大了民族自治地方的自治权限，加强了对自治权实现的法律保障。

二、宪法修正案

从 1988 年开始，中国采用宪法修正案的方式对宪法内容进行修改和完善。迄今为止，中国现行宪法共进行过 5 次修改，形成了 52 条宪法修正案。

（一）1988 年宪法修正案

第 1 条和第 2 条宪法修正案是 1988 年第七届全国人大一次会议通过的。主要修改之处为，一是在第 11 条增加 1 款对私营经济作了规定，二是修改第 10 条第 4 款，删去了不得出租土地的规定，增加规定“土地的使用权可以依照法律的规定转让”。

（二）1993 年宪法修正案

第 3—11 条宪法修正案是 1993 年 3 月 29 日第八届全国人大一次会议通过的。主要将“社会主义初级阶段”和“建设有中国特色社会主义的理论”及“改革开放”正式写进宪法；以“家庭联产承包为主的责任”取代“人民公社”，以“社会主义市场经济”取代“计划经济”；规定“中国共产党领导的多党合作和政治协商制度将长期存在和发展”。

两次修正案的 11 个条款中，有关经济制度方面的修改占 8 条，如实地反映了改革开放 10 余年来中国经济体制改革持续发展的现实情况。

（三）1999 年宪法修正案

第 12—17 条宪法修正案是 1999 年 3 月 15 日第九届全国人大第二次会议通过的。将“邓小平理论”写进宪法序言，与马克思列宁主义、毛泽东思想一起，成为指引中国社会主义现代化建设的旗帜；明确了中华人民共和国实行依法治国，建设社会主义法治国家；明确了中国将长期处于社会主义初级阶段，确立了中国社会主义初级阶段的基本经济制度和分配制度；修改了中国的农村生产经营制度；确立了非公有制经济在社会主义市场经济中的地位；将宪法第28条“反革命的活动”修改为“危害国家安全的犯罪活动”。

（四）2004年宪法修正案

2004年宪法修正案共14条，即宪法修正案第18—31条，内容涉及宪法序言、经济制度、公民权利和国家机构等内容的修改和完善，是2004年3月14日第十届全国人大第二次会议通过的。

2004年宪法修正案主要内容和基本精神如下：

1. 对宪法“序言”的修改，体现了与时俱进的精神

宪法序言是宪法的精神和灵魂所在，在宪法立法体系中统率全局、贯穿始终。中国历来重视宪法序言的立法建设，1993年和1999年宪法修正案均有修正。这次宪法修改对序言的充实和完善主要有三个内容：

（1）确立“三个代表”重要思想在国家政治和社会生活中的指导地位

“三个代表”重要思想写入宪法，对于凝聚党心、民心，指引全国人民坚持正确的政治方向，把握自己的前途和命运，保障改革、发展、稳定，开创中国特色社会主义事业新局面具有重大作用。

（2）增加推动物质文明、政治文明和精神文明协调发展的内容

把“三个文明”及其相互关系写入宪法，将使“三个文明”协调发展具有法律保障。体现了我们党与时俱进的品格，也体现了指导思想的历史感和进步性，符合人类文明发展的趋势和要求，是中华民族实现伟大复兴的基础。

（3）在统一战线的表述中增加社会主义事业的建设者

2. 对“经济制度”的修改，体现了保护“私权”的精神

这次修宪，根据市场经济建设和公民权利保护的实际需要，对宪法经济制度的内容作了较大幅度的修改，与前三次宪法修正案相比，力度最大。

（1）完善征用制度

宪法第10条第3款修改为：“国家为了公共利益的需要，可以依照法律规定对土地实行征收或征用并结合补偿。”区分了征收和征用两种不同

情形，并明确了征收目的、征收程序和国家补偿的原则，有利于明确和理顺市场经济条件下因征收、征用而发生的不同的财产关系。

（2）进一步明确国家对发展非公有制经济的方针

对非公有制经济既鼓励、支持、引导，又依法监督、管理，以促进非公有制经济健康发展。

（3）完善对私有财产保护的规定

一是进一步明确国家对全体公民的合法的私有财产给予保护，保护范围既包括生活资料，又包括生产资料。二是用“财产权”代替原条文中的“所有权”，在权利含义上更加准确、全面。

（4）增加建立、健全社会保障制度的规定

建立、健全同经济水平相适应的社会保障制度，是深化经济体制改革、完善社会主义市场经济体制的重要内容。

3. 对“公民基本权利和义务”的修改，体现了保护人权的精神

宪法修正案在宪法第二章“公民的基本权利和义务”第 1 条即第 33 条中增加 1 款，作为第 3 款，将“国家尊重和保障人权”写入宪法。这样修改，主要基于两点考虑：一是尊重和保障人权是我们党和国家的一贯方针，这次把它写入宪法，可以进一步为这个方针的贯彻执行提供宪法保障。二是党的十五大、十六大都明确地提出了“尊重和保障人权”。在宪法中作出尊重和保障人权的宣示，体现了社会主义制度的本质要求，有利于推进中国社会主义人权事业的发展，有利于中国在国际人权事业中进行交流和合作。

4. 对“国家机构”的修改，体现了服务实践的精神

（1）完善全国人民代表大会组成的规定

宪法修正案在宪法第 59 条第 1 款关于全国人民代表大会组成的规定中增加“特别行政区”，符合全国人民代表大会组成的实际情况。

（2）关于紧急状态的规定

宪法原来只对“戒严”作了规定，没有规定“紧急状态”。而“紧急状态”包括“戒严”又不限于“戒严”，适用范围更宽。修正案将“戒严”改为“紧急状态”，既便于应对各种紧急状态，也同国际上通行的做法相一致。

（3）关于国家主席职权的规定

修改为“中华人民共和国主席代表中华人民共和国，进行国事活动，

接受外国使节”，实际上是扩大了国家主席的宪法职权。

(4) 修改乡镇政权任期的规定

宪法修正案把乡、镇人大的任期由3年改为5年，各级人大任期一致，有利于协调各级经济社会发展规划、计划和人事安排。

除了上述四大部分的修改外，宪法修正案将宪法第四章的章名“国旗、国徽、首都”修改为“国旗、国歌、国徽、首都”。在第四章第136条中增加1款，作为第2款：“中华人民共和国的国歌是《义勇军进行曲》。”《义勇军进行曲》承载了中华民族实现独立和发展历程，不仅体现了我们不屈不挠的民族精神，也是珍贵的民族文化遗产之一。将国歌写入宪法，有利于维护国歌的稳定性和权威性，增强全国各族人民的认同感和荣誉感。

(五) 2018年宪法修正案

第32—52条修正案涉及宪法序言及内容，是2018年3月11日第十三届全国人民代表大会第一次会议通过的。2018年宪法修正案共21条，即宪法修正案的第32—52条。其主要内容如下：

1. 对宪法序言的修改

(1) 确立了习近平新时代特色社会主义思想的指导地位

将“科学发展观、习近平新时代中国特色社会主义思想”纳入指导思想中，同时增加“贯彻新发展理念”。

(2) 将三个文明增至五个文明共同发展

2004年宪法修正案在物质文明、政治文明、精神文明的基础上，增加社会文明、生态文明，促进五个文明协调发展。

(3) 明确中国正处于改革阶段，以及对世界和平的建设和人类共同体建设的憧憬

突出了中国现阶段正处于改革的重要阶段，此阶段的重要目标为“把中国建设成为富强民主文明和谐美丽的社会主义现代化强国，实现中华民族的伟大复兴”。

2. 进一步明确党的领导和社会主义核心价值观在中国当前阶段所起的重要作用

3. 对国家机构的修改

具体包括：(1) 新增国家监察委员会。包括其地位、领导方式以及职

权等。(2) 修改国家主席的任期。

【风险提示】

宪法内容的根本性决定了其修改程序的严格性，其他主体的行为、任何法律的内容都不得违背宪法，否则会因为违宪而无效。

【相关案例】

孙志刚案

2003年2月17日傍晚，就职于粪州某服装公司的武汉籍青年孙志刚(27岁，大学毕业）在走向网吧的路上，被广州市黄村街派出所以没有暂住证为由，强制收容，执行依据为1982年5月国务院颁发生效的《城市流浪乞讨人员收容遣送办法》。3月18日晚，孙志刚自称有心脏病而被送至广州市收容人员救治站诊治；3月19日晚，因孙志刚大声叫喊求助，引起救治站护工的不满，遂指使救治站病友对孙群殴；3月20日，救治站宣布孙志刚不治身亡。经法医鉴定，孙志刚系因背部遭受钝性暴力反复打击造成大面积软组织损伤致创伤性休克死亡。6月9日，广州市中级人民法院（2003）穗中法刑初字第134号《刑事判决书》，就孙志刚被故意伤害致死案对有关人员作出一审判决。6月27日，孙志刚案件终审裁定在广东省高级人民法院公开宣布，(2003）粤高法刑一终字第387号刑事裁定书裁定孙志刚案维持原判。

我国宪法规定，公民的人身自由不受侵犯。同时，根据立法法相关规定，对公民政治权利的剥夺、限制人身自由的强制措施和处罚，只能制定法律。而《城市流浪乞讨人员收容遣送办法》是1982年制定的行政法规，其中有关限制人身自由的内容，与我国宪法、立法法相抵触。立法法规定，法律的效力高于行政法规、地方性法规、规章。对于“超越权限的”和“下位法违反上位法规定的”法律、行政法规、地方性法规、自治条例和单行条例、规章，由有关机关依法予以改变或者撤销。因此，《城市流浪乞讨人员收容遣送办法》属于应予改变或者撤销的行政法规。2003年6月20日，《城市生活无着的流浪乞讨人员救助管理办法》公布，41天后，《城市流浪乞讨人员收容遣送办法》被废止。

【法条指引】

中华人民共和国宪法（节录）

第五条 中华人民共和国实行依法治国，建设社会主义法治国家。

国家维护社会主义法制的统一和尊严。

一切法律、行政法规和地方性法规都不得同宪法相抵触。

一切国家机关和武装力量、各政党和各社会团体、各企业事业组织都必须遵守宪法和法律。一切违反宪法和法律的行为，必须予以追究。

任何组织或者个人都不得有超越宪法和法律的特权。

第二节　中国宪法的基本原则

【规则要点】

中国的宪法经过不断地发展与修改，形成了人民主权、基本人权、法治、权力制约四个基本原则。一切活动都必须符合该四个基本原则。

【理解与适用】

一、人民主权原则

人民主权原则又被称为主权在民原则，它所要解决的是权力来源与国家合法性问题。主权可以创造一切、变更一切，而没有其他的权力能够限制它，所以被称为最高权力。

中国宪法体现了人民主权原则，宪法第 2 条规定："中华人民共和国的一切权力属于人民。人民行使国家权力的机关是全国人民代表大会和地方各级人民代表大会。人民依照法律规定，通过各种途径和形式，管理国家事务，管理经济和文化事业，管理社会事务。"由此不难看出，中国除明确规定人民主权原则外，还通过规定人民行使国家权力的形式来保障人民主权。主要包括两种方式：一种是间接的代议制形式。即人民代表大会制度，全国人民代表大会和地方各级人民代表大会代表人民行使国家权力，它们由人民选举产生，对人民负责，受人民监督。其他国家机关都由人民代表大会产生，对它负责并受它监督。另一种是直接形式。即人民依照法律规定，通过各种途径和形式，管理国家事务，管理经济和文化事业，管理社会事务。

二、基本人权原则

人权是人之为人应该享有的权利，不得非法限制和剥夺。人权（又称基本人权）是指“人，因其为人而应享有的权利”。它主要的含义是：每个人都应该受到合乎人权的对待。人权的本质特征和要求是自由和平等。人权的实质内容和目标是人的生存和发展。在当今的国际社会，维护和保障人权是一项基本道义原则。是否合乎保障人权的要求已成为评判一个集体（无论是政治上的还是经济上的）优劣的重要标准。

基本人权原则在中国宪法中的体现：从共同纲领开始，中国在历部宪法中都以专门章节的形式规定“公民的基本权利和义务”，列举公民的基本权利。1982 年宪法调整了宪法章节的结构安排，将“公民的基本权利和义务”一章规定在“总纲”之后，“国家机构”的前面，突出了公民基本权利作为国家权力来源的宪法价值。但是随着社会的进步和对于人权认识的加深，中国从 20 世纪 80 年代末开始认识到，人权是一个国际通行的概念和价值观，因此开始积极地宣传社会主义的人权价值观，并发布了 10 余个中国人权白皮书。同时，积极加入国际人权公约。中国迄今为止已加入了 25 个世界人权公约。

在这一背景下，2004 年，全国人大召开会议时，明确将“国家尊重和保障人权”（简称为“人权保障条款”）作为宪法的修正案被正式写进了宪法。王兆国副委员长在《〈中华人民共和国宪法修正案（草案）〉的说明》中作了这样的解释：“这样修改，主要基于两点考虑：一是，尊重和保障人权是我们党和国家的一贯方针，这次把它写入宪法，可以进一步为这一方针的贯彻执行提供宪法保障。二是，党的十五大、十六大都明确地提出了‘尊重和保障人权’。在宪法中作出尊重和保障人权的宣示，体现了社会主义制度的本质要求，有利于推进中国社会主义人权事业的发展，有利于我们在国际人权事业中进行交流和合作。”

三、法治原则

宪法的发展史是权力不断受到约束和规范的历史。人民不断追求个人的自由与幸福，防止国家专制恣意之行为。在宪法之下，立法部门、行政机构以及司法部门的行为都应当以宪法和法律作为行使权力的根据与界限。国家治理必须依据宪法和法律。

作为宪法的基本原则，法治原则一般来说包含以下方面的内容。

1. 宪法是国家的最高法律，法律必须受宪法约束

全国人民代表大会及其常委会制定的法律，必须受到宪法的约束，而不能与宪法相抵触，否则无效，这就是宪法优位。为了确保一个国家法制的统一，宪法优位还进一步要求在行政和立法机关之间的关系上要遵循法律优位原则，也就是说行政机关的一切行政行为或其他活动都不得与法律相抵触。作为抽象行政行为的行政法规和行政规章必须在法律规定的范围之内作出。

2. 法律保留

法律保留原则，其基本含义是指关于公民基本权利的限制等专属立法事项，应当由立法机关通过法律来规定，行政机关不得代为规定，行政机关实施的行政行为必须要有法律的授权，不得与法律相抵触。根据立法法第 8 条和第 9 条的规定，对公民政治权利的剥夺、限制公民人身自由的强制措施和处罚，只能制定法律。该项原则的实质在于要求行政权的行使必须在代议机关的监督之中，没有代议机关（民意）的同意，行政权就不得行使。它既体现了立法权对行政权的制约，也体现了行政权的民意基础。

3. 司法独立

司法独立，即司法机关在审判案件时不受任何行政机关、社会团体和个人的干涉，依法独立行使审判权、检察权。

法治原则在中国宪法中的体现，《中华人民共和国宪法》序言明确规定，“本宪法以法律的形式确认了中国各族人民奋斗的成果，规定了国家的根本制度和根本任务，是国家的根本法，具有最高的法律效力。”宪法第 5 条规定：“中华人民共和国实行依法治国，建设社会主义法治国家。国家维护社会主义法制的统一与尊严。一切法律、行政法规和地方性法规

都不得同宪法相抵触。一切国家机关和武装力量、各政党和各社会团体、各企业事业组织都必须遵守宪法和法律。一切违反宪法和法律的行为，必须予以追究。任何组织或者个人都不得有超越宪法和法律的特权。”监察委员会、人民法院、人民检察院依照法律规定独立行使监察权、审判权、检察权，不受行政机关、社会团体和个人的干涉。

四、权力制约原则

作为社会主义国家，中国在权力制约方面采取了民主集中原则，并将民主集中制原则作为国家机构组织和活动的基本原则，同时也规定为中国宪法的基本原则。民主集中制是一种民主与集中相结合的制度，是在民主基础上的集中和在集中指导下的民主的结合。一方面，民主要受到集中的制约，民主是集中指导下的、能够形成和实现正确集中的民主，另一方面，集中也要受到民主的制约，集中是民主基础上的、始终包含着民主成分和因素的集中。中国宪法关于国家权力机关与人民的相互关系、人民代表大会和其他国家机关之间的关系、中央和地方之间的相互关系、国家机关内部关系等，都是按照民主集中制原则加以规定的。如中国现行宪法规定，“全国人民代表大会和地方各级人民代表大会都由民主选举产生，对人民负责，受人民监督”“国家行政机关、监察机关、审判机关、检察机关都由人民代表大会产生，对它负责，受它监督”“中央和地方的国家机构职权的划分，遵循在中央的统一领导下，充分发挥地方的主动性、积极性的原则。”“中华人民共和国公民对于任何国家机关和国家工作人员，有提出批评和建议的权利;”“人民法院、人民检察院和公安机关办理刑事案件，应当分工负责，互相配后，互相制约，以保证准确有效地执行法律。”并且宪法第 3 条第 1 款还原则性规定：“ 中华人民共和国的国家机构实行民主集中制的原则。”

【风险提示】

在公民行使批评建议权时，有关国家机关及工作人员应按照法律的规定进行受理、调查等活动，不得对有关公民进行打击报复。

【法条指引】

中华人民共和国宪法（节录）

第二条 中华人民共和国的一切权力属于人民。

人民行使国家权力的机关是全国人民代表大会和地方各级人民代表大会。

人民依照法律规定，通过各种途径和形式，管理国家事务，管理经济和文化事业，管理社会事务。

第三条 中华人民共和国的国家机构实行民主集中制的原则。

全国人民代表大会和地方各级人民代表大会都由民主选举产生，对人民负责，受人民监督。

国家行政机关、监察机关、审判机关、检察机关都由人民代表大会产生，对它负责，受它监督。

中央和地方的国家机构职权的划分，遵循在中央的统一领导下，充分发挥地方的主动性、积极性的原则。

第三节 国家基本制度

【规则要点】

中国是工人阶级领导的、以工农联盟为基础的人民民主专政的社会主义国家。社会主义制度是中国的根本制度。中国共产党领导是中国特色社会主义最本质的特征。禁止任何组织或者个人破坏社会主义制度。社会主义制度包括政治、经济、文化等方面。

【理解与适用】

中国的基本制度主要包括经济制度、政治制度、文化制度等。

一、经济制度

经济制度是指一国通过宪法和法律调整以生产资料所有制形式为核心

的各种基本经济关系的规则、原则和政策的总称；概括来说，它包括生产资料的所有制形式、各种经济成分的相互关系及其宪法地位、国家发展经济的基本方针、基本原则等内容。

社会主义宪法对经济基础的确认主要表现在：一方面，明确宣告公有制是社会主义制度的经济基础，国家保护公有财产神圣不可侵犯，从而与资本主义宪法形成鲜明的对照；另一方面，社会主义宪法不仅宣告实行生产资料公有制，而且全面规定了经济体制、分配原则、国家发展经济的基本方针、政策以及经营管理方式等内容。

（一）中国特色的社会主义市场经济体制

社会主义市场经济体制是市场在国家宏观调控下对资源配置决定性作用的一种经济体制。它是社会主义基本制度与市场经济的结合，既具有与其他市场经济体制的共性，又具有与其他市场经济体制不同的特性。

（二）社会主义公有制是中国经济制度的基础

中国处于并将长期处于社会主义初级阶段，坚持公有制为主体、多种所有制经济共同发展的基本经济制度。现行宪法第 6 条第 1 款规定："中华人民共和国的社会主义经济制度的基础是生产资料的社会主义公有制，即全民所有制和劳动群众集体所有制。社会主义公有制消灭人剥削人的制度，实行各尽所能、按劳分配的原则。"生产资料的社会主义公有制决定了中国社会主义经济制度的本质特征，是保障工人阶级实现对国家的领导和加强工农联盟的基础。

1. 全民所有制经济

全民所有制经济，即国有经济，是国民经济中的主导力量，指由代表人民利益的国家占有生产资料的一种所有制形式。中国的全民所有制经济是通过没收官僚资本、改造民族资本以及国家投资兴建各种企业等途径建立起来的。同时，由于土地等自然资源是国有经济赖以发展的物质基础，所以中国现行宪法第 9 条第 1 款规定："矿藏、水流、森林、山岭、草原、荒地、滩涂等自然资源，都属于国家所有，即全民所有；由法律规定属于集体所有的森林和山岭、草原、荒地、滩涂除外。"第 10 条中规定："城市的土地属于国家所有。农村和城市郊区的土地，除由法律规定属于国家所有的以外，属于集体所有；宅基地和自留地、自留山，也属于集体所有。"在中国，国有企业和国有自然资源是国家财产的主要部分。此外，国家机关、事业单位、部队等全民单位的财产也是国有财产的重要组成部分。

2. 集体所有制经济

集体所有制经济是指生产资料归集体经济组织内的劳动者共同所有的一种所有制形式。它的特点在于，生产资料是集体经济组织的公共财产，劳动者之间存在着互助合作关系，但劳动者同生产资料的结合仅限于集体经济组织范围之内。中国的集体所有制经济最初是在土地改革基础之上，通过对个体农业和个体手工业进行社会主义改造而建立起来的。当前城镇的集体所有制经济主要表现为各种形式的合作经济。宪法第 8 条第 2 款规定："城镇中的手工业、工业、建筑业、运输业、商业、服务业等行业的各种形式的合作经济，都是社会主义劳动群众集体所有制经济。"农村集体所有制经济是现阶段中国农村的主要经济形式。宪法第 8 条第 1 款规定："农村集体经济组织实行家庭承包经营为基础、统分结合的双层经营体制。农村中的生产、供销、信用、消费等各种形式的合作经济，是社会主义劳动群众集体所有制经济。参加农村集体经济组织的劳动者，有权在法律规定的范围内经营自留地、自留山、家庭副业和饲养自留畜。"此外，宪法还规定，法律规定属于集体所有的森林和山岭、草原、荒地、滩涂属于集体所有；农村和城市郊区的土地，除法律规定属于国家所有的以外，属于集体所有；宅基地和自留地、自留山，也属于集体所有。宪法第 8 条第 3 款规定："国家保护城乡集体经济组织的合法的权利和利益，鼓励、指导和帮助集体经济的发展。"

3. 非公有制经济是社会主义市场经济的重要组成部分

由于中国尚处于社会主义初级阶段，经济文化和生产力发展水平还比较低，所以在坚持以社会主义公有制经济为主体的前提下，还必须充分发挥非公有制经济的积极作用。因此，宪法第 11 条第 1 款规定："在法律规定范围内的个体经济、私营经济等非公有制经济，是社会主义市场经济的重要组成部分。"这样，在中国形成了以公有制为主体、多种所有制经济共同发展的基本经济制度。

（三）国家保护社会主义公共财产和公民合法私有财产

1. 社会主义公共财产的宪法保障

社会主义公共财产是公有制经济的物化形式，是国民经济存在和发展的前提和基础，是提高中国各族人民物质和文化生活水平的物质源泉和实现公民各项权利和自由的物质保障。因此，宪法第 12 条规定：“社会主义的公共财产神圣不可侵犯。国家保护社会主义的公共财产。禁止任何组织或者个人用任何手段侵占或者破坏国家的和集体的财产。”宪法第 9 条第 2 款还规定，“国家保障自然资源的合理利用，保护珍贵的动物和植物。禁止任何组织或者个人用任何手段侵占或者破坏自然资源”。这些规定都是国家保护社会主义公共财产的重要内容，也是公民、法人和其他社会组织的基本义务。

2. 私有财产权的宪法保障

2004 年宪法修正案第 22 条对宪法第 13 条修改如下：“公民的合法的私有财产不受侵犯。”“国家依照法律规定保护公民的私有财产权和继承权。”“国家为了公共利益的需要，可以依照法律规定对公民的私有财产实行征收或者征用并给予补偿。”这些规定表明，中国宪法不仅将私有财产权明文确定为公民的基本权利，而且，将私有财产权的平等保障上升为一项重要的宪法原则。

二、政治制度

中国政治制度主要包括一个根本政治制度和三个基本政治制度。一个根本政治制度就是人民代表大会制度；三个基本政治制度就是中国共产党领导下多党合作和政治协商制度、民族区域自治制度、基层群众自治制度。

（一）人民代表大会制度

中国的政权组织形式是人民代表大会制度，人民代表大会制度也是中国的根本政治制度。这是因为：

1. 人民代表大会制度直接反映了中国的国家性质

中国是工人阶级领导的、以工农联盟为基础的人民民主专政的社会主义国家。人民代表大会制度在人民代表大会的组成、人民代表大会与同级其他国家机关的关系以及人民代表大会对国家权力的行使等方面都直接反映了这一国家性质。

2. 人民代表大会制度是中国人民当家作主、行使国家权力的重要途径和最高实现形式

中国人民当家作主的途径是多方面的，但对广大人民来说，最根本、

最重要的还是掌握国家政权，行使国家权力。人民代表大会制度集中体现了社会主义制度的本质，代表广大人民的利益，是实现社会主义民主的重要途径和最高实现形式。

3. 人民代表大会制度决定国家的各种具体制度和社会生活的各个方面

根据人民代表大会制度，中国建立了一系列政治制度，如立法制度、行政制度、司法制度、选举制度等，形成了一系列政治制度。在这一体系中，人民代表大会制度涵盖了中国的政治生活的主要方面，支配着其他政治制度，其他政治制度直接或者间接地受人民代表大会制度的调整和规范。

人民代表大会制度的基本内容是：

1. 各级人大都由民主选举产生，对人民负责，受人民监督

民主选举是民主集中制的基础。选举权和被选举权是人民行使国家权力的重要标志。选民或者选举单位有权依照法定程序选举代表，并有权依照法定程序罢免自己选出的代表，这对于保证各级人大真正按照人民的意见、代表人民的利益行使国家权力，至关重要。

2. 各级人大及其常委会实行民主集中制

人大及其常委会集体行使权力，集体决定问题，以求真正集中人民的意志、代表人民的利益。

3. 国家行政机关、监察机关、审判机关、检察机关都由人大产生，对它负责，受它监督

人大及其常委会的职责是审议、决定国家全局的、长远的、重大的问题。它并不代替依照法律规定属于政府、监委、法院、检察院的职权。在人大统一行使国家权力的前提下，明确划分国家的行政权、监察权、审判权、检察权，以便各个国家机关各司其职，既避免权力过分集中，又使国家的各项工作能够有效地进行。

4. 在中央的统一领导下，实行中央和地方分权，充分发挥地方因地制宜地发展本地方建设事业的主动性、积极性，以有利于加快全国的社会主义现代化建设

5. 中国是统一的多民族国家，各少数民族聚居的地方实行区域自治

在民族自治区域设立自治机关，自治机关除行使一般地方国家机关的职权外，同时行使自治权。在统一的国家内实行民族区域自治，既有利于

保障各少数民族的合法权益，加速各少数民族地区经济和文化的发展，促进民族团结，又有利于抵御外来的侵略与颠覆，保障整个国家的独立和繁荣。

总之，这种国家政权形式使国家权力最终掌握在人民手中，这是维护最广大人民的根本利益的可靠保证，也是国家能够经得起各种风险、克服各种困难的可靠保证。

（二）中国共产党领导下多党合作和政治协商制度

中国的政党制度是在新民主主义革命和社会主义革命与建设过程中、在中国共产党与各民主党派长期合作的基础上逐渐发展起来的。中国的民主党派在性质上也经历了一个变化的过程，由一个各阶级的联盟发展成为各自所联系的一部分社会主义劳动者和一部分拥护社会主义的爱国者的政治联盟。各民主党派都接受中国共产党的领导，成为参政党。中国共产党对民主党派的方针是“长期共存、互相监督、肝胆相照、荣辱与共”。

第一，中国共产党在国家政权中居领导地位。

中国共产党对民主党派的领导主要表现为政治领导，即政治原则、政治方向和重大方针政策的领导。这种领导主要是通过民主协商和政治思想工作来实现。

第二，各民主党派参政、议政。

在保持政治方向一致的前提下，民主党派独立自主地开展工作，各民主党派的内部事务，均由他们自由作出决定，中国共产党要充分尊重民主党派的自主权。各民主党派与中国共产党一起参与国家政权和社会主义事业的建设工作，具有法律范围内的政治自由、组织独立和法律地位。

第三，中国共产党与民主党派的关系不是执政党与反对党的关系，也不存在轮流执政的问题，但民主党派具有重要的监督作用。

第四，中国人民政治协商会议是中国多党合作和政治协商的重要形式。

中国人民政治协商会议是中国人民的爱国统一战线组织。在性质上，中国人民政治协商会议不属于国家机构体系，不是国家机关，也不同于一般的人民团体，而是爱国统一战线和多党合作的重要形式。中国人民政治协商会议的职能是政治协商、民主监督、参政议政。

（三）民族区域自治制度

民族区域自治制度是指在中国疆域内，在国家统一领导下，按照宪法规定，以少数民族聚居区为基础，建立相应的自治地方，设立自治机关，行使自治权，民族区域自治的民族实现当家作主，管理本民族内部地方性事务的基本政治制度。中国的民族区域自治制度是从本国的具体情况出发，把民族因素和区域因素，政治因素和经济、文化因素正确地结合起来，在中央的统一领导下，少数民族在聚居地区建立自治地方，设立自治机关，行使自治权利。

这个制度的主要内容和特点是以下几个方面。

第一，民族区域自治制度必须以少数民族聚居区为基础。

民族区域自治必须在少数民族聚居区内实行，只要有一定数量的少数民族人口聚居，就可以实行民族区域自治。这种自治制度是民族自治与区域自治的结合，即只有聚居在一定区域内的少数民族才能实行民族自治，不是分散居住的少数民族人口实行的民族文化自治，也不是一般意义上的与民族聚居无关的地方自治。中国共产党根据中国的国情和历史条件，决定中国实行民族区域自治，建立了集中统一的中华人民共和国，同时，又充分发扬社会主义民主，用法律保障各少数民族的平等自治权利。

第二，民族区域自治以国家统一、领土完整为前提。

民族自治地方是中华人民共和国不可分离的一部分，其自治权属于特殊的地方国家权力，不享有脱离国家而独立的权利。民族自治地方是中国单一制国家结构条件下的一种地方政权形式，要在中央统一领导下行使自治权，管理本地区和本民族的内部事务。

第三，建立民族自治地方的目的是保护少数民族的权利。

民族区域自治制度是在承认民族差异的基础上为了实现少数民族人民当家作主权利，使之能自主地管理本民族内部事务而建立的。少数民族作为中国人民中的一部分，享有的当家作主权利具有民族性。一方面，少数民族作为国家主人，他们在政治、经济、特别是文化上的特殊要求应得到特别保护；另一方面，少数民族在任何时候都享有民族的生存权和发展权。所以，在少数民族传统定居的地方实行民族自治，行使自治权是保障少数民族当家作主权利的关键。

第四，民族区域自治是民族自治与区域自治相结合。

与其他国家的“自治”不同，中国的民族区域自治，不是单一的民族自治或地方自治，而是民族自治与区域自治相结合。凡少数民族聚居的地方，无论是较大的聚居区还是较小的聚居区，是单一的少数民族聚居区还是几个民族共同居住的居住区，只要符合建立自治区、自治州、自治县的条件，都可以建立相应的自治地方；在一个民族自治地方内，其他少数民族也可以在其聚居区内建立相应的自治地方。

在中国，民族区域自治制度的实行，合乎国情，顺乎民意。坚持和完善民族区域自治制度，维护祖国统一，增强中华民族的凝聚力，是建设中国特色社会主义的一项重要内容。1984 年 5 月 31 日，第六届全国人大第二次会议通过了《中华人民共和国民族区域自治法》，作为少数民族实现自治权利的基本法律；2001 年 2 月 28 日，第九届全国人大常委会第二十次会议对该法进行了广泛的修改，以适应国家经济发展和民族关系发展的需要。

现行宪法将民族自治地方确定为自治区、自治州、自治县。截至目前，中国已建立的民族自治地方，共有 155 个，其中包括 5 个自治区、30 个自治州、120 个自治县（旗）。

自治权是民族区域自治制度的核心，是民族自治地方的自治机关管理本地方、本民族内部事务的自主权。按照宪法和民族区域自治法的规定，自治权概括起来主要有下列几个方面。

（1）制定自治法规

民族自治地方的人大有权依照当地民族政治、经济和文化的特点，制定自治条例和单行条例。自治区的自治条例和单行条例，报全国人民代表大会常务委员会批准生效。自治州、自治县的自治条例和单行条例，报省、自治区、直辖市的人大常委会批准生效，并报全国人大常委会备案。

（2）变通或者停止执行上级规范性法律文件

根据本地区的实际情况，对上级国家机关的决议、决定、命令或者指示如有不适合民族自治地方实际情况的，自治机关可以报请该上级国家机关批准，可以变通或者停止执行。

（3）使用通用的语言文字

民族自治地方的自治机关在执行职务时，依照自治法规的规定，使用当地通用的一种或几种语言文字；同时使用几种语言文字执行职务的，可以以自治民族的语言文字为主。

（4）培养、使用少数民族人才

自治机关根据需要，可从当地民族中培养选拔各级干部，各种科技、经营管理人才和技术工人。在录用工作人员时，对于自治民族和其他少数民族人员应给予适当照顾；在本地方企业、事业单位招收人员时，应优先招收少数民族人员。

（5）组织本地方的公安部队

民族自治地方的自治机关依照国家的军事制度和当地实际情况，经国务院批准，可以组织本地方维护社会治安的公安部队。

（6）经济和财政自主权

民族自治地方的财政是一级地方财政，自治机关有管理地方财政的自治权。凡是依照国家财政体制属于民族自治地方的财政收入，都应当由民族自治地方的自治机关自主安排使用。民族自治地方在全国统一的财政体制下，享受上级财政的照顾；其财政预算支出设机动资金，预备费在预算中所占比例高于一般地区。

民族自治地方的自治机关可以对开支标准、定员、定额等事项制定补充规定和具体办法，自治区的报国务院备案，自治州和自治县的报省级人民政府批准。

民族自治地方的自治机关在执行国家税法的时候，除应由国家统一审批的减免税收项目外，对属于地方财政收入的部分，报省、自治区或直辖市人民政府批准后，可以实行减税或者免税。

自治机关可根据需要，依法设立地方商业银行和城乡信用合作组织。

（7）安排和管理地方经济建设事业的自主权

民族自治地方的自治机关在国家宏观计划调控指导下，自主地安排和管理地方性的经济建设事业，包括：根据本地方的特点和需要，可以制定经济建设的方针政策和计划；在坚持社会主义原则的前提下，根据法律规定和本地方经济发展的特点，合理调整生产关系，改革管理体制；根据法律规定，依法管理、保护和建设本地方的森林、草原，合理开发利用自然资源，优先合理开发利用；根据本地方情况安排地方建设项目；自主管理属于本地方的企业、事业；经国务院批准可以开辟对外贸易口岸，在对外经济贸易中享受国家优惠政策。

（8）管理本地方社会文化的自主权

管理本地方的教育、科学技术、文化艺术、医疗卫生、体育等项事业的自主权，保护和整理民族的文化遗产，发展和繁荣民族文化，包括：根据国家的教育方针，确立本地方的教育规划、教育体制和教育设施；自主地发展具有民族形式和民族特点的文化事业；自主地决定本地方的科学技术发展规划；自主地决定本地方医疗卫生事业的发展规划；自主地发展体育事业，开展民族传统体育活动；等等。

总之，民族自治地方的自治机关除行使一般地方国家机关的职权外，还可以依照宪法和民族区域自治法的规定行使上述自治权，从而使民族区域自治制度得到真正的落实。实践证明，民族区域自治制度保障了祖国的统一，保障了各少数民族人民的平等权利，确立了各民族之间平等、团结、互助的社会主义民族关系，促进了中国社会主义现代化建设和各民族的繁荣昌盛。

（四）基层群众自治制度

基层群众自治制度，是在中华人民共和国成立后的民主实践中逐步形成的，并首先孕育于城市。中共十七大将“基层群众自治制度”首次写入党代会报告中，正式与人民代表大会制度、中国共产党领导的多党合作和政治协商制度、民族区域自治制度一起，纳入了中国特色政治制度范畴。

基层群众性自治组织首次出现是在1982年宪法中，是指依据法律规定，以城乡居民（村民）一定的居住地为基础设立，并由居民（村民）选举产生的成员组成的，实行自我管理、自我教育、自我服务的社会组织。基层群众性自治组织具有基层性、群众性、自治性的特点，在性质上，基层群众性自治组织不是一级政权机关。

在城市，居民委员会由主任、副主任和委员5人—9人组成。居民委员会的组成人员由选举产生，在方式上既可以由本居住区全体有选举权的居民选举产生，也可以由每户派代表选举产生，还可以由每个居民小组选举代表2人—3人选举产生。居民委员会的设立由不设区的市、市辖区的人民政府决定，一般在100户—700户的范围内设立。

在农村，村民委员会是由主任、副主任和委员3人至7人组成。村民委员会成员中，应当有妇女成员，多民族村民居住的村应当有人数较少的民族的成员。村民委员会组成人员由村民直接选举产生。村民委员会每届任期3年，其成员可以连选连任。选举村民委员会，由登记参加选举的村民直接提名候选人，候选人的名额应当多于应选名额。村民选举委员会，应当组织候选人与村民见面，由候选人介绍履行职责的设想，回答村民提出的问题。

村民委员会向村民会议、村民代表会议负责并报告工作。村民会议由本村 18 周岁以上的村民组成。召开村民会议应当有本村 18 周岁以上的村民过半数，或者本村 2/3 以上的户的代表参加，村民会议所作决定应当经到会人员的过半数通过。法律对召开村民会议及作出决定另有规定的，依照其规定。人数较多或者居住分散的村，可以设立村民代表会议，讨论决定村民会议授权的事项。村民委员会实行村务公开原则。

村民委员会的任务有：宣传宪法、法律、法规和国家的政策，教育和推动村民履行法律规定的义务，维护村民的合法权利和利益，发展文化教育，普及科技知识，促进村与村之间的团结、互助，开展多种形式的社会主义精神文明建设活动；办理本村的公共事务、公益事业，调解民间纠纷，向人民政府反映村民的意见、要求和提出建议；等等。

1. 基层群众性自治组织的性质和特点

从性质上说，基层群众自治组织并非国家机关，而是特定范围内的人民依照法律规定而成立的人们自我管理、服务自我的群众性组织。基层群众性自治组织是人民当家作主的重要途径之一。

基层群众性组织是城乡居民自我组织起来进行自我管理、自我教育、自我服务的基层群众性自治组织。它不是国家政权机关，也不同于其他政治、经济等社会组织和社会团体，其特点表现在以下三个方面。

（1）独立性

基层群众性组织在组织上具有独立性，既不是国家机关的下级组织，也不属于任何社会团体和社会经济组织，与国家机关及其他社会组织之间不存在领导与被领导的关系，国家机关及其派出机构无权对它发布指示和命令。

（2）自治性

基层群众性组织在活动上具有自治性，通过居民或村民自我管理、自我教育、自我服务开展工作，实行民主选举、民主决策、民主管理、民主监督。尽管基层人民政府或者它的派出机关对居委会和村委会的工作给予指导、支持和帮助，但不得干预依法属于居委会和村委会自治范围内的事务。

（3）基层性

从组织上看，基层群众性组织都只存在于居住地区范围的基层社区，没有上级组织，更没有全国性的、地区性的统一组织，这一点与工会、妇联等群众组织不同。从自治内容看，居委会和村委会所从事的工作都是居住范围内的公共事务和公益事业，不涉及其他地区。

2. 基层群众性自治组织的建立

居委会和村委会的建立并非居民或村民自主、自动的过程，一方面要依据国家法律，另一方面则要由基层国家机关协助建立。法律规定的设置总原则是便于居民或村民自治，考虑居民或村民的居住状况、人口多少等因素。具体而言就是：（1）便于居民或村民自治；（2）便于居民或村民加强与居委会或村委会的联系；（3）便于居民或村民享受居住区的公共服务。

居委会的设置以 100 户到 700 户为其范围。村委会一般以自然村为基础，人口数较少的自然村可以几个村庄联合设立一个村委会；人口较多的自然村则可以分设几个村委会。居委会的设立、撤销、规模调整等，由不设区的市、市辖区人民政府决定；村委会的设立、撤销、范围调整等由乡级人民政府提出，经村民会议讨论同意后，报县级人民政府批准。

三、文化制度

党的十九大报告指出："发展中国特色社会主义文化，就是以马克思主义为指导，坚守中华文化立场，立足当代中国现实，结合当今时代条件，发展面向现代化、面向世界、面向未来的，民族的科学的大众的社会主义文化，推动社会主义精神文明和物质文明协调发展。"中国宪法对文化制度作出了明确规定，主要内容包括以下几个方面。

（一）发展教育事业

百年大计，教育为本。强国必先强教，优先发展教育、提高教育现代化水平，对全面建成小康社会目标，建设富强、民主、文明、和谐、美丽的社会主义现代化国家具有决定性意义。宪法第 46 条第 1 款规定："中华人民共和国公民有受教育的权利和义务。"受教育是公民享有的基本权利，又是公民承担的基本义务。为此，国家应当为公民接受教育提供相应的条件和设施。宪法第 19 条明确规定了国家发展社会主义的教育事业，提高全国人民科学文化水平的基本方针。主要体现在以下几个方面。

1. 大力发展学校教育，首先是普及初等义务教育，也就是通常所说的九年义务教育

根据国务院新闻办发布的《改革开放 40 年中国人权事业的发展进步》白皮书，到 2017 年，全国共有义务教育学校 21.9 万所，在校生 1.45 亿人，小学学龄儿童净入学率达 99.91%，初中阶段毛入学率达 103.5%，九年义务教育巩固率为 93.8%，义务教育普及程度已达到世界高收入国家的平均水平。此外，还发展中等教育、职业教育、高等教育和学前教育。

2. 发展各种教育设施，扫除文盲，发展业余成人教育

国家在正规的学校教育之外，还尽量发展各种教育设施，为工人、农民、在职国家机关工作人员和其他劳动者提供终身受教育的机会，使其自学成才，营造学习型社会建设的良好环境。

3. 鼓励各种社会力量举办各种教育事业

中国是人口大国，尽管教育投入逐年增加，但教育资源仍非常有限，不能满足广大人民群众接受各种层次、不同领域教育的现实需求。为此，宪法第 19 条第 4 款规定："国家鼓励集体经济组织、国家企业事业组织和其他社会力量依照法律规定举办各种教育事业。"

（二）发展科学、医疗卫生、体育和文化事业

宪法第 20 条、第 21 条、第 22 条分别对国家发展科学、医疗卫生和体育以及文化事业等方面的基本方针作了规定。

在科学方面，宪法第 20 条规定："国家发展自然科学和社会科学事业，普及科学和技术知识，奖励科学研究成果和技术发明创造。"科技是第一生产力，是推动国家发展、社会进步的巨大力量，发展科技事业直接关系社会主义现代化建设事业的顺利推进。发展科技事业，首要的是要鼓励科学技术创新，推动科技在发展中的引领作用，为发展注入持久动力，最终实现全面、协调和可持续发展。

在医疗卫生方面，宪法第 21 条第 1 款规定："国家发展医疗卫生事业，发展现代医药和我国传统医药，鼓励和支持农村集体经济组织、国家企业事业组织和街道组织举办各种医疗卫生设施，开展群众性的卫生活动，保护人民健康。"

在体育方面，宪法第 21 条第 2 款规定："国家发展体育事业，开展群

众性的体育活动，增强人民体质。”

在文化方面，宪法第 22 条规定：“国家发展为人民服务、为社会主义服务的文学艺术事业、新闻广播电视事业、出版发行事业、图书馆博物馆文化馆和其他文化事业，开展群众性的文化活动。国家保护名胜古迹、珍贵文物和其他重要历史文化遗产。”

（三）培养专业人才，发挥知识分子作用

宪法第 23 条规定：“国家培养为社会主义服务的各种专业人才，扩大知识分子的队伍，创造条件，充分发挥他们在社会主义现代化建设中的作用。”

首先，国家通过培养各种专门人才，使知识分子人数不断增加，队伍不断壮大。

知识分子的概念是不确定的，一般是指具有较高文化水平并主要从事脑力劳动的人。近一二十年来，随着高等教育规模的迅速扩大，高校普遍扩招，培养的本科生、研究生人数也快速上升。

其次，国家创造条件，充分发挥知识分子在社会主义现代化建设中的作用。

社会主义市场经济体制的建立，对知识、对人才提出了更高的要求，市场经济呼唤人才，改革开放需要人才，现代化建设离不开人才。

（四）弘扬社会主义核心价值观

宪法第 24 条规定：“国家通过普及理想教育、道德教育、文化教育、纪律和法制教育，通过在城乡不同范围的群众中制定和执行各种守则、公约，加强社会主义精神文明的建设。国家倡导社会主义核心价值观，提倡爱祖国、爱人民、爱劳动、爱科学、爱社会主义的公德，在人民中进行爱国主义、集体主义和国际主义、共产主义的教育，进行辩证唯物主义和历史唯物主义的教育，反对资本主义的、封建主义的和其他的腐朽思想。”爱祖国、爱人民、爱劳动、爱科学、爱社会主义，简称“五爱”。这是中国全体公民必须共同遵循的五种基本道德规范，也是中国社会主义道德建设的基本要求。

【风险提示】

一切社会活动都应符合宪法规定的基本制度精神。

【法条指引】

中华人民共和国宪法（节录）

第一条 中华人民共和国是工人阶级领导的、以工农联盟为基础的人民民主专政的社会主义国家。

社会主义制度是中华人民共和国的根本制度。中国共产党领导是中国特色社会主义最本质的特征。禁止任何组织或者个人破坏社会主义制度。

第二条第二款 人民行使国家权力的机关是全国人民代表大会和地方各级人民代表大会。

第四条第三款 各少数民族聚居的地方实行区域自治，设立自治机关，行使自治权。各民族自治地方都是中华人民共和国不可分离的部分。

第六条 中华人民共和国的社会主义经济制度的基础是生产资料的社会主义公有制，即全民所有制和劳动群众集体所有制。社会主义公有制消灭人剥削人的制度，实行各尽所能、按劳分配的原则。

国家在社会主义初级阶段，坚持公有制为主体、多种所有制经济共同发展的基本经济制度，坚持按劳分配为主体、多种分配方式并存的分配制度。

第一百一十一条第一款 城市和农村按居民居住地区设立的居民委员会或者村民委员会是基层群众性自治组织。居民委员会、村民委员会的主任、副主任和委员由居民选举。居民委员会、村民委员会同基层政权的相互关系由法律规定。

第四节　公民的基本权利和义务

【规则要点】

宪法以根本法的形式对公民享有的权利与义务进行了规定，这也是公民享有的最基本的权利和义务。同时，对该基本权利的行使和义务的履行，宪法亦予以保障。

【理解与适用】

公民的基本权利和基本义务共同反映并决定着公民在国家中的政治地位与法律地位，同时也是普通法律所规定的公民权利与义务的基础和原则。中国公民的基本权利主要有平等权、基本政治权利、宗教信仰自由、人身自由、社会经济权利、文化教育权利和自由、批评建议申诉控告等。公民的基本义务主要有维护祖国统一和各民族团结；遵守宪法和法律，保守国家秘密，爱护公共财产，遵守劳动纪律，遵守公共秩序，尊重社会公德；维护祖国的安全、荣誉和利益；保卫祖国，依法服兵役和参加民兵组织；依照法律纳税等。

一、基本权利

（一）平等权

平等权是指公民平等地享有宪法和法律规定的公民权利，不受任何差别对待，并要求国家同等保护的权利。平等权作为公民的基本权利，构成宪法权利的基础，是中国宪法规定的基本权利体系的重要组成部分，是权利主体参与社会生活的前提和条件。

平等权首先表现为法律面前人人平等原则。法律面前人人平等，意味着公民行使的权利和履行的义务平等，不因其性别、受教育程度、身份、职业、民族等因素的不同而享有法外的特权。

宪法第 33 条第 2 款明确规定：“中华人民共和国公民在法律面前一律平等。”第 33 条第 4 款规定：“任何公民享有宪法和法律规定的权利，同时必须履行宪法和法律规定的义务。”第 5 条第 5 款规定：“任何组织或者个人都不得有超越宪法和法律的特权。”第 48 条第 1 款规定：“中华人民共和国妇女在政治的、经济的、文化的、社会的和家庭的生活等各方面享有同男子平等的权利。”第 36 条第 2 款规定：“任何国家机关、社会团体和个人不得强制公民信仰宗教或者不信仰宗教，不得歧视信仰宗教的公民和不信仰宗教的公民。”

（二）政治权利

政治权利亦称参政权，是公民参与政治活动的一切权利与自由的总称。政治权利主要包括选举权和被选举权、言论自由、出版自由、集会游行示威自由、结社自由等方面的内容。

1. 选举权与被选举权

所谓选举权是指公民按照自己的意愿，依照法律规定的程序，选举产生各级权力机关的组成人员和选举产生依法应当通过选举方式产生的其他国家公职人员的权利。所谓被选举权是指公民有依照法律规定被选举成为各级人大代表和依法应当通过选举方式产生的其他国家公职人员的权利。

中国公民的选举权和被选举权涉及三个方面权利：一是直接选举产生或者被选举成为县、乡两级人大代表的权利；二是间接选举产生或者被选举成为设区的市、自治州、省、自治区、直辖市、全国人民代表大会代表的权利；三是通过人民代表大会选举或者被选举成为国家公职人员的权利。

根据中国宪法的规定，中华人民共和国年满 18 周岁的公民，不分民族、种族、性别、职业、家庭出身、宗教信仰、教育程度、财产状况、居住期限，都有选举权和被选举权；但是依照法律被剥夺政治权利的人除外。

因此，中国公民的选举权和被选举权有以下特点。

（1）具有广泛性。凡年满 18 周岁的公民，不分民族、种族、性别、职业、家庭出身、宗教信仰、教育程度、财产状况、居住期限，都有选举权和被选举权。

（2）具有平等性。每一个公民在一次选举中，只有一次投票权，其投票的效力是平等的。

（3）公民行使选举权不仅有法律保障，还有物质保障。如《中华人民共和国全国人民代表大会和地方各级人民代表大会选举法》第 7 条规定："全国人民代表大会和地方各级人民代表大会的选举经费，列入财政预算，由国库开支。"

2. 言论、出版、集会、结社、游行、示威自由

言论自由是指公民通过口头等形式表达其意见和观点的自由。它是公民政治权利最重要的内容之一。从表现形式上来看，广义的言论自由还包括借助于绘画、摄影、雕塑、出版、影视、广播、戏剧等手段来展现自己的意见和观点的自由。中华人民共和国成立以来，从共同纲领到以后的

1954 年宪法、1975 年宪法、1978 年宪法、1982 年宪法，都将言论自由作为公民的一项权利写入宪法之中。

言论自由为世界各国宪法和国际人权公约所普遍承认，但言论自由在行使时也会受到一定程度的限制。这具体表现在：(1) 公民在行使言论自由时不得侵害他人的隐私权和名誉权，否则可能构成民事侵权。(2) 淫秽言论会受到限制或者禁止。(3) 煽动仇恨和挑衅言论会受到约束或者限制。

出版自由是言论自由的扩展表现，是广义的言论自由。它主要是指公民有在宪法和法律规定的范围内，通过出版物系统地表达自己的意见和思想的权利。它的主要媒介物是书籍、报纸、传单、广播、电视等。

中国从共同纲领到历部宪法，都有专门的条文确认公民出版自由的权利。国务院 1997 年颁布了《出版管理条例》，该条例于 2001 年、2011 年、2013 年、2014 年和 2016 年先后进行了修订，是落实我国宪法规定的公民出版自由、进行出版管理的最主要的法律依据。

中国从 1954 年制定宪法以来，四部宪法都明确规定中华人民共和国公民有集会、游行、示威的自由。1989 年 10 月 31 日第七届全国人民代表大会常务委员会第十次会议通过了《中华人民共和国集会游行示威法》，对中国公民的集会、游行、示威自由做了全面规定。

公民享有集会、游行、示威的自由权利是现代民主制度的要求，国家应为公民充分行使这种权利提供必要的条件和保障。集会游行示威法在总则中明确规定了公民行使集会、游行、示威的权利，各级人民政府应当依照该法规定予以保障。此外，法律还对集会、游行、示威的自由进行了一定程度的限制：集会游行示威法对公民集会、游行、示威实行许可制，对集会、游行、示威的举行、时间、地点等方面都作了一些规定。

公民的结社自由是指公民为了一定的宗旨而组织成社会团体的自由。结社自由是具有双重属性的基本权利。该权利一方面保障个人可以自由组织、加入或者不入社团，另一方面也保障社团本身的自主性活动。

中国的社会团体的成立实行核准登记制度。1998 年 10 月 25 日国务院发布了《社会团体登记管理条例》，规定国家保护社会团体依照其登记的章程进行活动，其他任何个人和组织不得非法干涉。

（三）宗教信仰自由

宗教信仰自由是指公民依据内心的信念，自愿地信仰宗教的自由。

根据中国宪法的规定，中国公民的宗教信仰自由包括以下含义：

第一，公民有信仰宗教的自由，也有不信仰宗教的自由。

第二，公民有信一种宗教的自由，也有信另一种宗教的自由。

第三，公民有过去信教现在不信教的自由，也有过去不信教现在信教的自由。

第四，在同一宗教里公民有信这一教派的自由，也有信那一教派的自由。

第五，公民有参加宗教仪式的自由，也有不参加宗教仪式的自由。

尊重和保障公民的宗教信仰自由，是中国的一项基本政策。中国的宗教政策包括以下三个方面：一是对宗教自由不得强制。二是国家保护正常的宗教活动。三是宗教独立自主。也就是说中国的宗教事务不与外国宗教发生组织上的隶属、经济上的依赖和其他形式的依附关系，不允许外国的宗教势力或者其他政治势力，对中国的宗教团体和宗教事务进行干预和支配。

中国现有佛教、道教、伊斯兰教、天主教、基督教等多种宗教，信教人数众多。尤其是佛教和道教，由于没有严格的入教仪式和规定，在中国又流传久远，因而信教人数难以计数。

为确保公民享有充分的宗教信仰自由，中国从以下四个方面提供了保障。

一是法律保障。中国宪法明确规定，中华人民共和国公民有宗教信仰自由。任何国家机关、社会团体和个人不得强制公民信仰宗教或者不信仰宗教，不得歧视信仰宗教的公民和不信仰宗教的公民。国家保护正常的宗教活动。同时，刑法规定，国家机关工作人员非法剥夺公民的宗教信仰自由和侵犯少数民族风俗习惯，情节严重的，处 2 年以下有期徒刑或者拘役。

二是物质保障。在保障宗教信仰自由的过程中，国家积极创造物质方面的条件，提供良好的环境。如中国法律和相关政府规章规定，各宗教团体的房屋财产的产权，归宗教团体所有，在房屋财产方面宗教团体处于法人地位。

三是组织保障。中国的宗教都设有全国性或地方性的组织机构。如中国佛教协会、中国道教协会、中国伊斯兰教协会、中国天主教爱国会等。

四是宗教活动场所的保障。为此，国务院专门制定了《宗教事务条例》，明确了宗教活动场所的所有、管理、使用、收益，并对侵权行为规定了相关法律责任。

（四）人身自由

人身自由是指公民的人身不受非法侵犯的自由，是公民行使其他一切权利和自由的前提和基础。人身自由包括：公民的人身自由不受侵犯，公民的人格尊严不受侵犯，公民的住宅不受侵犯和公民通信自由与秘密受法律保护。

公民的人身自由不受侵犯：公民的人身和行动不受任何非法搜查、拘禁、逮捕、剥夺、限制和侵害。现行宪法明确规定，任何公民，非经人民检察院批准或者人民法院决定并由公安机关执行，不受逮捕，禁止非法拘禁和以其他方法剥夺或者限制公民的人身自由，禁止非法搜查公民的身体。刑事诉讼法对逮捕的申请、批准、条件、程序等作了具体而明确的规定。任何机关和个人都不得违反法律规定，对公民非法逮捕、拘禁。

公民的人格尊严不受侵犯：根据宪法第38条规定，公民的人格尊严不受侵犯，禁止采用任何方法对公民进行侮辱、诽谤和诬告陷害。人格权是我国现行宪法的内容之一。而且，中国的民事立法与刑事立法又进一步将人格权的保护具体化了。中国刑法规定了对犯有侮辱、诽谤和诬陷罪的处罚，中国民法规定了侵犯公民生命、健康、姓名权等的民事责任。

公民的住宅不受侵犯：公民的住宅不受侵犯又称为住宅权，指公民居住、生活以及保存私人财产的场所不受非法侵入和搜查。公民住宅的范围不仅包括通常所说的私人住房，还包括固定的宿舍、旅馆、办公室等居住场所；不仅包括建筑结构内部的居住场所，还应当包括建筑结构外部的可以侵犯公民私生活的场所、器具等。比如，在房屋外部的某一部位安装窃听器或者监视器用以窃听或者窥视公民的私生活，就属于对公民住宅的侵犯。现行宪法以单独一个条文，专门规定了住宅不受侵犯的问题，并且增加了禁止非法搜查或者非法侵入公民住宅的规定。中国刑法则规定对于非法侵入或搜查公民住宅的刑事犯罪予以严惩。

公民的通信自由和通信秘密受法律保护：公民的通信包括书信、电话、电报等进行通信的各种手段。它涉及公民的个人生活、思想活动、社会交流等切身利益。根据法律规定，扣押和拆检公民的信件必须遵守以下规定：

第一，只有公安机关和检察机关才有权决定扣押或者拆检公民的有关信件。

第二，扣押或者拆检公民的信件只有两种原因：一是国家安全的需要，二是追查刑事犯罪的需要。

第三，对于扣押的邮件、电报等，经查明不影响国家安全或与犯罪无关，应立即退还原主或交还邮电部门。

第四，需要扣押的邮件、电报等，应由人民检察院或公安机关通知邮电部门。

第五，对公民个人保存的邮件、电报等，如公安机关或检察机关认为需要检查时，公民有义务交出，如公民拒绝交出，可以强行搜查，但必须出示搜查证件。紧急情况下可以不出示搜查证，但必须记录搜查情况。

（五）社会经济权利

社会经济权利是指公民依照宪法的规定享有的经济物质利益方面的权利，是公民实现其他权利的物质保障。根据宪法规定，中国公民享有以下社会经济权利。

1. 劳动权

劳动权是指有劳动能力的公民有获得社会工作的资格。它包括三部分内容：

一是公民有按照自己的劳动能力获得劳动的机会。

二是公民在劳动中有获得适当劳动条件的权利。

三是公民享有根据劳动的数量和质量取得劳动报酬和其他劳动所得的权利。

劳动权是公民的一项基本权利，也是公民实现自身价值的最重要的途径。生产资料的社会主义公有制为劳动者和生产资料的结合提供了可能，因此，在社会主义条件下，国家和社会应当为劳动者提供和创造就业机会，努力保证每个有劳动能力的人都能获得劳动机会，享有适当的劳动条件，取得应得的劳动报酬。

宪法还规定了国家实现公民劳动权利的基本政策。这一政策包括四个方面的内容：

（1）国家通过各种途径，创造劳动就业条件，广开就业门路，扩大就业范围。

（2）国家加强劳动保护，改善劳动条件，加强和改善为劳动者在劳动过程中的安全和健康而采取的各种劳动保险和安全措施。

（3）国家对就业前的公民进行必要的劳动就业训练，以保障其就业时能掌握初步的劳动技能。

（4）国家在发展生产的基础上，提高劳动报酬和福利待遇，最终使生产成为满足人民群众日益增长的物质和文化生活的需要。

需要指出的是，劳动不仅是公民的权利，也是公民的义务。具体地说，公民的劳动义务有以下几层含义：

（1）劳动是一切有劳动能力的公民的光荣职责。

（2）国有企业和城乡集体经济组织的劳动者应当以国家主人翁的态度对待劳动。

（3）劳动是一切有劳动能力的公民获得报酬的条件。

（4）国家提倡社会主义劳动竞赛，奖励劳动模范和先进工作者。

（5）国家提倡公民从事义务劳动。

2. 劳动者的休息权

劳动者的休息权是指为了提高劳动效率，保障劳动者的生活和健康，根据有关法律和制度的规定，劳动者所享有的休息和休养的权利。劳动者的休息权和劳动权是密切联系的，也可以说休息权是劳动权的一个方面。休息权既可以保护劳动者的身体健康，提高劳动效率，也可以为劳动者提供一定的时间去参加文化和社会活动，丰富劳动者的文化生活和社会生活，提高生活质量。

在中国，劳动者的休息权主要是通过国家规定的工作时间和休假制度予以实现的。工作时间是指劳动者根据国家和企业事业单位的规定，从事劳动的时间。休假制度是劳动者根据国家和企业事业单位的规定，所享有的暂离工作岗位，保留工资进行休息和休假的制度。根据劳动法和有关法律的规定，国家实行劳动者每日工作时间不超过 8 小时、平均每周工作时间不超过 44 小时的工时制度；用人单位应当保证劳动者每周至少休息 1

日；用人单位在元旦、春节、国际劳动节、国庆节以及法律、法规规定的其他节假日，应当依法安排劳动者休假；国家实行带薪年休假制度，劳动者连续工作1年以上的，享受带薪年休假。

3. 退休人员的生活保障权

退休是指企业事业组织的职工和国家机关工作人员达到一定年龄时，退出原来的生产和工作岗位，并按照规定领取一定的退休金。

中国实行的退休制度包括以下内容：

（1）实行国家退休制度的对象是指企业事业组织的职工以及国家机关的工作人员。

（2）国家和社会保障退休人员的生活。

（3）有关退休制度的具体事项由国家法律予以规定。目前，中国已经制定了一系列法律法规，对职工和国家工作人员的退休年龄、退休条件以及退休后的生活待遇作出规定。

4. 物质帮助权

根据中国宪法的规定，中国公民在年老、疾病或者丧失劳动能力的情况下，有从国家和社会获得物质帮助的权利。“年老”是指公民超过国家规定的职工退休年龄，已没有劳动能力或者不适于继续参加劳动。“疾病”是指公民因为患有某种疾病无能力或者不适于继续参加劳动。“丧失劳动能力”是指包括年老、疾病或者其他原因而失去劳动能力。具备上述三个条件之一，公民即有权从国家和社会获得物质帮助。国家的物质帮助是指政府有关部门如民政、劳动等部门向上述公民提供基本生活条件方面的物质帮助。社会的物质帮助是指集体经济组织、人民团体、群众自治组织以及社会其他方面提供的各类物质帮助。

为了保障公民物质帮助权的实现，国家需要大力发展社会保障事业。国家社会保障事业发展的状况，直接关系到人民群众物质文化生活水平的整体发展，关系到社会稳定，关系到社会主义优越性的发挥。具体说来，要在以下三个方面大力发展社会保障事业。

（1）发展社会保险事业

社会保险是通过保险方式为公民在年老、患病、丧失劳动能力等情况下提供各种帮助措施的总称。

(2) 发展社会救济事业

社会救济包括对既无人供养又丧失劳动能力的人的救济，也包括对因自然灾害或者其他不幸事故而受到灾难的救济。

(3) 发展医疗卫生事业

保障残废军人生活、优抚军烈属以及帮助残疾人，也是发展社会保障事业的重要组成部分。中国宪法规定，保障残废军人生活、优抚军烈属的内容包括三个方面：

第一，国家和社会保障残废军人的生活。

第二，国家和社会抚恤烈士家属。

第三，优待军人家属，即国家和社会对现役军人的直系亲属、配偶以及其他亲属予以优待、照顾。

(六) 文化教育权利和自由

1. 受教育的权利

受教育的权利，是指公民有从国家获得接受教育的机会以及接受教育的物质帮助的权利。其中，教育的形式有学校教育、社会教育、成人教育、自学等。教育等级包括学龄教育、初等教育、中等教育、高等教育以及职业教育等。

中国受教育权的一个重要优势是，教育的方向非常明确，即必须为国家和人民服务，为社会主义建设服务。教育法第5条规定："教育必须为社会主义现代化建设服务、为人民服务，必须与生产劳动和社会实践相结合，培养德、智、体、美等方面全面发展的社会主义事业的建设者和接班人。"第6条第2款规定："国家在受教育者中进行爱国主义、集体主义、中国特色社会主义的教育，进行理想、道德、纪律、法治、国防和民族团结的教育。"第8条第1款规定："教育活动必须符合国家和社会公共利益。"

需要指出的是，受教育既是公民的一项权利，又是公民的一项义务，是权利和义务的结合。如教育法第19条第2、3款规定："各级人民政府采取各种措施保障适龄儿童、少年就学。适龄儿童、少年的父母或者其他监护人以及有关社会组织和个人有义务使适龄儿童、少年接受并完成规定年限的义务教育。"

2. 文化权利

公民的文化权利主要包括三个方面的内容。

（1）公民有进行科学研究的自由。这里的科学研究包括自然科学和社会科学。

（2）公民有从事文学艺术创作的自由。文化艺术活动自由是指公民有权按照自己的兴趣和意愿从事各项文化艺术活动，有权按照自己的特点形成和发展自己的文化艺术风格。文学包括小说、诗歌、散文、戏剧等。艺术包括音乐、舞蹈、美术、摄影、书法、雕刻、电影、电视等。

（3）公民有权从事其他文化活动，包括教育和各种体育活动、健康的娱乐活动等。

（七）监督权

在国家机构及其工作人员代替人民行使权力的过程中，人民必须通过各种途径和形式对他们实行监督，以保证各级国家机关及其工作人员不折不扣地代替人民行使权力，全心全意为人民服务。宪法第41条规定："中华人民共和国公民对于任何国家机关和国家工作人员，有提出批评和建议的权利；对于任何国家机关和国家工作人员的违法失职行为，有向有关国家机关提出申诉、控告或者检举的权利，但是不得捏造或者歪曲事实进行诬告陷害。由于国家机关和国家工作人员侵犯公民权利而受到损失的人，有依照法律规定取得赔偿的权利。

批评、建议、控告、检举、申诉是公民行使言论自由，对国家机关及其工作人员予以监督的行为。公民行使这一权利受到宪法和法律的保护。对于公民的申诉、控告或者检举，有关国家机关必须查清事实，负责处理，任何人不得压制和打击报复。公民在行使监督权时不得捏造或者歪曲事实进行诬告陷害。

批评权是公民对于国家机关及其工作人员的缺点和错误，有权提出要求其克服改正的意见。建议权则是指公民对国家机关的工作，有权提出自己的主张和建议。检举权则是公民对国家机关工作人员违法失职行为向有关机关进行检举的权利。控告权主要是指公民对违法失职的国家机关及其工作人员的侵权行为提出指控，请求有关机关对违法失职者给予制裁的权利。

申诉分为诉讼上的申诉和非诉讼的申诉两类。诉讼上的申诉主要是指当事人或其他公民对人民法院已经发生法律效力的刑事诉讼、民事诉讼、行政诉讼及经济纠纷等判决或裁定不服，认为确有错误，依法向人民法院或人民检察院提出申请，要求重新审查处理的行为。对于诉讼上的申诉，中国刑事诉讼法、行政诉讼法、民事诉讼法和人民法院组织法对此都作了详细规定。非诉讼的申诉主要是指公民对行政机关作出的决定不服，向其上级机关提出申请，要求重新处理的行为。

取得赔偿权是指由于国家机关和国家工作人员侵犯公民权利而受到损失的人，有依照法律规定取得赔偿的权利。1994 年 5 月 12 日第八届全国人民代表大会常务委员会第七次会议制定通过了《中华人民共和国国家赔偿法》，对公民取得赔偿的范围、程序、赔偿方式和计算标准等项内容作了规定。该法于 2010 年、2012 年先后进行了修订。按照国家赔偿法，中国公民取得赔偿分为两种情况：一是行政赔偿，二是刑事赔偿。行政赔的范围包括行政机关及其工作人员在行使行政职权时侵犯公民人身权和财产权的情形；刑事赔偿的范围则包括行使侦查、检察、审判、监狱管理职权的机关及其工作人员在行使职权时侵犯公民人身权和财产权的情形。

（八）特定主体权利

特定主体权利是指除所有公民普遍享有的权利和自由外，对具有特定情况的公民所赋予的权利。根据宪法规定，特定主体权利主要包括以下几种情形。

1. 保障妇女的权益

国家对妇女权益的保护方针有以下三个方面。

（1）国家保护妇女的权利和利益。妇女依法享有的各项权利和利益，都受到宪法和法律的保护，任何个人和组织都不得侵犯。

（2）国家实行男女同工同酬。

（3）国家培养和选拔妇女干部。

对于国家培养和选拔妇女干部，妇女权益保障法第 12 条规定：“国家积极培养和选拔妇女干部。国家机关、社会团体、企业事业单位培养、选拔和任用干部，必须坚持男女平等的原则，并有适当数量的妇女担任领导成员。国家重视培养和选拔少数民族女干部。”第 13 条第 2 款规定：“各级妇女联合会及其团体会员，可以向国家机关、社会团体、企业事业单位推荐女干部。”

宪法规定，妇女与男子地位平等。这种平等具体表现在以下四个方面。

（1）妇女在政治方面享有与男子平等的权利。

（2）妇女在经济方面享有与男子平等的权利。

（3）妇女在文化方面享有与男子平等的权利。

妇女权益保障法第 16 条第 1 款明确规定："学校和有关部门应当执行国家有关规定，保障妇女在入学、升学、毕业分配、授予学位、派出留学等方面享有与男子平等的权利。"

（4）妇女在社会和家庭生活方面享有与男子平等的权利。

2. 婚姻、家庭、母亲和儿童受国家的保护

婚姻是指根据中国婚姻法的规定，男女两性符合结婚条件，自愿结合，经婚姻登记机关登记批准而结成的夫妻关系。家庭是以婚姻和血缘关系为基础而结成的共同生活的组织。母亲是指已生育的妇女，儿童是指少年儿童。目前，中国已制定了婚姻法、继承法、收养法、妇女权益保障法、未成年人保护法等法律，对婚姻、家庭、母亲和儿童的权利作出具体规定。

3. 保护华侨的正当权益和归侨、侨眷的合法权益

"华侨"是指居住在国外、依据《中华人民共和国国籍法》享有中国国籍的中国公民。"归侨"是指回国定居的华侨。"侨眷"是指华侨、归侨在国内的亲属，包括华侨、归侨的配偶，父母、子女及其配偶，兄弟姐妹、祖父母、外祖父母、孙子女、外孙子女，以及同华侨、侨眷有长期扶养关系的其他亲属。为保护归侨和侨眷合法的权利和利益，中国已制定了专门的归侨侨眷权益保护法。

二、中国公民的基本义务

公民义务是指权利主体应当作出或者不作出一定行为的约束，如享有一定权利的公民或法人依法应负的责任。公民义务是法律关系的构成要素之一，要依靠国家的强制力（法律的或行政的）来保证履行。中国公民在享有宪法规定的各种权利和自由时，还必须履行相应的义务。

中国公民的主要义务有以下几个方面。

（一）维护国家统一和民族团结

宪法第 52 条规定："中华人民共和国公民有维护国家统一和全国各民族团结的义务。"宪法第 4 条中明确规定："禁止对任何民族的歧视和压迫，禁止破坏民族团结和制造民族分裂的行为。"维护国家统一和民族团

结是公民的一项基本义务。

国家的统一包括三个方面的内容。

(1) 国家领土的统一

即国家的领陆、领水、领空是完整的统一体，属于中华人民共和国所有。中华人民共和国享有完整的所有权和管辖权，任何人不得破坏和分裂。

(2) 国家政权的统一

即中华人民共和国中央人民政府是中国唯一合法的统辖全国的政府，任何人不得分裂国家政权，破坏国家政权的统一。

(3) 国家主权的统一

即中华人民共和国享有独立自主地处理本国对内对外事务，不受外国或者其他势力干预的权力。任何人不得以任何方式破坏国家主权的统一，使国家主权从属于外国支配。

各民族团结互助，是各民族共同发展和繁荣的基本条件。各民族之间应当提倡互爱、互谅、互助。维护民族团结是指公民有责任维护民族之间的平等、和睦、融洽和合作的关系。任何人不得以任何形式制造民族纠纷，破坏民族团结。

（二）遵守宪法和法律

宪法第53条的此项规定，是关于公民遵守法纪和尊重社会公德义务的规定，包含以下6个方面的内容：公民必须遵守宪法和法律、公民必须保守国家秘密、公民必须爱护公共财产、公民必须遵守劳动纪律、公民必须遵守公共秩序、公民必须尊重社会公德。

（三）维护祖国安全、荣誉和利益

宪法第54条规定："中华人民共和国公民有维护祖国的安全、荣誉和利益的义务，不得有危害祖国的安全、荣誉和利益的行为。"祖国的安全、荣誉和利益是中国人民的安全、荣誉和利益的集中体现。维护祖国的安全、荣誉和利益是全体公民的神圣义务，任何公民不得以任何方式侵犯、危及、损害国家的安全、荣誉和利益。

（四）依法服兵役和参加民兵组织

宪法第55条规定："保卫祖国、抵抗侵略是中华人民共和国每一个公民的神圣职责。依照法律服兵役和参加民兵组织是中华人民共和国公民的光荣义务。”中国现行兵役法规定中国实行义务兵役制为主体的义务兵与志愿兵相结合、民兵与预备役相结合的兵役制度。中国公民不分民族、种族、职业、家庭出身、宗教信仰和教育程度，凡年满18周岁的，都有义务依法服兵役。

（五）依法纳税

我国宪法规定，公民有纳税的义务。中国的税收是用于发展社会、巩固国防、不断提高人民的物质生活和文化生活水平，它反映了取之于民、用之于民的社会主义分配和再分配关系。因此，依照法律纳税，也应是中国公民的一项基本义务。

除了以上专门规定的五项义务外，中国公民的基本义务还包括在基本权利条文中规定的五项义务：劳动的义务、受教育的义务、夫妻双方有实行计划生育的义务、父母有抚养教育未成年子女的义务、成年子女有赡养扶助父母的义务。

【风险提示】

享有公民基本权利和义务的前提是具有中华人民共和国国籍，但任何公民不能只享受权利而拒绝履行义务。当基本权利受到侵犯时，中国规定了完善的救济方式。

【法条指引】

中华人民共和国宪法（节录）

第三十三条 凡具有中华人民共和国国籍的人都是中华人民共和国公民。

中华人民共和国公民在法律面前一律平等。

国家尊重和保障人权。

任何公民享有宪法和法律规定的权利，同时必须履行宪法和法律规定的义务。

第五十一条 中华人民共和国公民在行使自由和权利的时候，不得损害国家的、社会的、集体的利益和其他公民的合法的自由和权利。

第五十二条 中华人民共和国公民有维护国家统一和全国各民族团结的义务。

第五十三条 中华人民共和国公民必须遵守宪法和法律，保守国家秘密，爱护公共财产，遵守劳动纪律，遵守公共秩序，尊重社会公德。

第五十四条 中华人民共和国公民有维护祖国的安全、荣誉和利益的义务，不得有危害祖国的安全、荣誉和利益的行为。

第五十五条 保卫祖国、抵抗侵略是中华人民共和国每一个公民的神圣职责。

依照法律服兵役和参加民兵组织是中华人民共和国公民的光荣义务。

第五十六条 中华人民共和国公民有依照法律纳税的义务。

第五节 国家机构

【规则要点】

中国宪法规定了中央和地方国家机关的职权和权力行使方式，包括立法、行政、司法、监察、军事机关，这些国家机关的共同协作才能保证国家的平稳运行。

【理解与适用】

国家机构是国家为实现其管理社会、维护社会秩序职能而建立起来的国家机关的总和。从横向划分，它包括立法机关、行政机关、监察机关、审判机关、检察机关、军事机关等。从纵向划分，国家机构分为中央国家机关和地方国家机关两大类。中央和地方国家机关职权的划分，遵循在中央统一领导下，充分发挥地方的主动性和积极性的原则。国家机构的组织和活动原则为：民主集中制原则、责任制原则和法治原则。

中央国家机关是国家最高层次的政权组织体系，依据宪法分为全国人民代表大会及其常务委员会、中华人民共和国主席、国务院、中央军事委员会、国家监察委员会、最高人民法院、最高人民检察院。

地方国家机关（县级以上地方国家机关）分为人民代表大会及其常务

委员会、人民政府、监察委员会、人民法院和人民检察院。乡、民族乡、镇的国家机关分为人民代表大会和人民政府。

一、中央国家机关

（一）全国人民代表大会及其常务委员会

1. 全国人民代表大会

全国人民代表大会是最高国家权力机关，又是国家的立法机关。宪法第2条第1款、第2款规定："中华人民共和国的一切权力属于人民。人民行使国家权力的机关是全国人民代表大会和地方各级人民代表大会。"

全国人大由代表组成。根据现行宪法和选举法，全国人大由省、自治区、直辖市、特别行政区和军队选出的代表组成。即中国实行地域代表制与职业代表制相结合、以地域代表制为主的代表机关组成方式。全国人大代表名额总数不超过3000名，由全国人大常委会确定各选举单位代表名额。

全国人大行使职权的法定期限即每届任期为5年。在任期届满的两个月以前，全国人大常委会必须完成下届全国人大代表的选举工作。如果遇到不能进行选举的非常情况，由全国人大常委会以全体委员2/3以上的多数通过，可以推迟选举，延长本届全国人大的任期；但在非常情况结束后一年以内，全国人大常委会必须完成下届全国人大代表的选举。

全国人民代表大会职权如下：

（1）修改宪法，监督宪法的实施

根据宪法第64条的规定，宪法的修改由全国人大常委会或者1/5以上的全国人大代表提议，并由全国人大以全体代表的2/3以上的多数通过。1982年宪法已经过5次修改，共有52条宪法修正案。同时，全国人大是进行宪法监督的最高机关，其内容主要有两个方面：监督各项法律、行政法规、地方性法规以及各种规章是否符合宪法的原则和条文规定；监督一切国家机关、武装力量、各政党和社会团体、各企业事业组织的行为是否违反宪法。

（2）制定和修改基本法律

基本法律是为实施宪法而由全国人大制定的最重要的法律，主要包括民事法律、刑事法律、诉讼法、组织法、选举法、民族区域自治法、有关特别行政区的立法等。由全国人大行使这些法律的制定权和修改权。全国人大常委会在全国人大闭会期间可以修改基本法律，但有两个限制：一是修改不能与基本法律的基本原则相抵触，二是只能进行部分的修改和补充。

（3）选举、决定和罢免国家领导人

全国人大选举全国人大常委会委员长、副委员长、秘书长和委员，选举国家主席、副主席，选举中央军事委员会主席、国家监察委员会主任、最高人民法院院长、最高人民检察院检察长；根据国家主席的提名，决定国务院总理的人选，根据国务院总理的提名决定国务院副总理、国务委员、各部部长、各委员会主任、审计长和秘书长的人选；根据中央军事委员会主席的提名决定中央军委副主席和委员的人选。对于以上人员，根据全国人大主席团或者三个以上的代表团或者1/10以上的代表提出的罢免案，全国人大有权依照法定程序，在主席团提请大会审议并经全体代表过半数的同意后，予以罢免。

（4）决定国家重大问题

全国人大有权审查和批准国民经济和社会发展计划以及有关计划执行情况的报告，审查和批准国家预算和预算执行情况的报告，批准省、自治区和直辖市的建置，决定特别行政区的设立及其制度，决定战争与和平问题，等等。

（5）最高监督权

全国人大有权监督由它产生的其他国家机关的工作，这些国家机关都要向全国人大负责，并报告工作。

（6）其他职权

中国宪法规定，全国人大有权行使“应当由最高国家权力机关行使的其他职权”。这一弹性条款为全国人大处理难以预料的新问题、重大的紧急问题提供了宪法依据。

2. 全国人民代表大会常务委员会

全国人民代表大会常务委员会是全国人民代表大会的常设机关，是中国最高权力机关的组成部分，是在全国人民代表大会闭会期间行使国家权力的机关，又是行使国家立法权的机关。全国人大常委会从属于全国人大，是全国人民代表大会的组成部分，对全国人民代表大会负责并报告工作，全国人民代表大会有权改变或撤销它的不适当的决议。

全国人大常委会在每届全国人大第一次会议时，由全国人大从代表中选举委员长、副委员长若干人、秘书长和委员若干人组成。与全国人大代表不同，全国人大常委会组成人员不得担任国家行政机关、监察机关、审判机关和检察机关的职务。宪法还规定，全国人大常委会组成人员中应有适当名额的少数民族成员。全国人大常委会的任期与全国人大相同，即5年。组成人员可以连选连任，但委员长、副委员长连续任职不得超过两届。

全国人大常委会的职权：

（1）宪法解释权和宪法监督权

全国人大常委会有权对宪法进行解释，有权监督宪法的实施。有权撤销国务院制定的同宪法、法律相抵触的行政法规、决定和命令；有权撤销省、自治区、直辖市的人大和人大常委会制定的同宪法、法律和行政法规相抵触的地方性法规和决议。

（2）立法权和法律解释权

全国人大常委会在宪法规定的范围内行使立法权，有权制定和修改除由全国人大制定的基本法律以外的其他法律。在全国人大闭会期间，全国人大常委会还可以修改、补充由全国人大制定的基本法律，但不得与该法的基本原则相抵触。全国人大常委会还有权解释法律，不仅可以解释由它自己制定的法律，还可以解释由全国人大制定的法律，因为全国人大常委会是全国人大的常设机关，了解全国人大的立法意图，能够作出准确的解释。

（3）国家重大事项的决定权

在全国人大闭会期间，全国人大常委会有对下列国家重大事项的决定权：对国民经济和社会发展计划以及国家预算部分调整方案的审批权；决定批准或废除同外国缔结的条约和重要协定；决定驻外全权代表的任免；规定军人和外交人员的衔级制度和其他专门衔级制度，规定和决定授予国家勋章和荣誉称号；决定特赦；遇到国家遭受武装侵犯或者必须履行国家间共同防止侵略的条约情况，有权决定宣布战争状态；决定全国总动员和局部动员；决定全国或者个别省、自治区和直辖市进入紧急状态等。

（4）任免权

在全国人大闭会期间，全国人大常委会有权根据国务院总理的提名，决定部长、委员会主任、审计长、秘书长的人选；根据中央军委主席的提名，决定中央军委其他组成人员的人选；根据国家监察委员会主任的提请，任免副主任、委员；根据最高人民法院院长的提请，任免副院长、审判员、审判委员会委员和军事法院院长；根据最高人民检察院检察长的提请，任免副检察长、检察员、检察委员会委员和军事检察院检察长，并且批准省、自治区、直辖市人民检察院检察长的任免。

（5）监督权

全国人大常委会对其他由全国人大产生的中央国家机关都有权进行监督，主要有三种方式：第一，在全国人大常委会会议期间，常委会组成人员 10 人以上联名，可以向国务院及其各部委、“两高”提出书面质询案；第二，国务院、国家监察委员会、最高人民法院、最高人民检察院在全国人大常委会会议上，围绕本单位职权范围内的事务向全国人大常委会作专项工作汇报；第三，全国人大常委会开展对法律实施情况的执法检查。

（6）其他职权

由于全国人大常委会是全国人大的常设机关，所以，与全国人大的职权范围不同，它没有宪法上自己的弹性权力。在宪法列明的职权之外，常委会的其他职权必须经全国人大授权方能享有；在授权范围内，全国人大常委会可以作出有法律约束力的决定。

3. 全国人民代表大会代表

全国人民代表大会代表是最高国家权力机关——全国人民代表大会的组成人员。其中一部分代表同时又是全国人大常委会的组成人员。他们是全国人民派往最高国家权力机关的使者，接受人民的委托，代表全国人民的意志和利益，并且依照宪法和法律的规定集体行使国家权力，是最高国家权力机关的重要组成部分。

根据现行宪法和有关法律的规定，全国人民代表大会代表享有以下权利：全国人大代表有出席全国人大会议，发表意见，参与表决，共同决定中央国家机关领导人员的人选和国家生活中的重大问题的权利；根据法律规定的程序提出议案、建议和意见的权利：3 个代表团或者 30 名以上全国人大代表联名，可以向全国人大提出属于全国人大职权范围内的议案；依照法律规定的程序提出质询案的权利：在全国人大会议期间，一个代表团或者 30 名以上代表联名，可以书面提出对国务院和国务院领导的各部委的质询案，在常委会会议期间，常务委员会组成人员 10 人以上联名，可以向常务委员会书面提出对国务院及国务院各部委和最高人民法院、最高人民检察院的质询案；依法提出罢免案的权利：全国人大代表有权依照法律规定的程序，提出对全国人大常委会组成人员，中华人民共和国主席、副主席，国务院组成人员，中央军事委员会组成人员，国家监察委员会主任、最高人民法院院长，最高人民检察院检察长的罢免案；人身特别保护权：在全国人大开会期间，非经全国人大会议主席团的许可；在全国人大闭会期间，非经全国人大常委会的许可，全国人大代表不受逮捕或者刑事审判，如果因为全国人大代表是现行犯而被拘留的，执行拘留的公安机关必须立即向全国人大会议主席团或者立即向全国人大常委会报告；言论免责权：根据宪法和代表法的规定，全国人大代表在全国人大各种会议上的发言和表决不受法律追究，以此保证他们能够真实地代表和反映人民的意志，为制定法律规范提供客观的依据；物质保障权：全国人大代表在履职时，所在单位根据实际需要予以时间保障和工资福利保障，国家应当予以适当补贴和物质上的补助。

全国人民代表大会代表须承担的义务有：模范地遵守宪法和法律，在代表参加的生产、工作和社会活动中，宣传法治并协助宪法和法律的贯彻实施；与原选举单位和人民保持密切联系，接受原选举单位的监督，原选举单位有权罢免其所选出的代表；保守国家秘密；出席全国人民代表大会会议，认真参与对国家事务的讨论和决定，积极参加代表的视察、调研等活动。

（二）中华人民共和国主席

中华人民共和国主席是中国的国家元首。国家主席是一个国家机关，包括国家主席和副主席。国家主席是国家主权的代表，是国家统一和民族团结的象征。国家主席对内代表整个国家机构和国家权力，对外代表中华人民共和国和全体中国公民。由于国家主席的国家最高代表性质，他的尊严就是国家尊严的象征，所以国家主席有着最尊贵的法律地位，无论在国内还是在国外，都应受到最高级别的礼遇。

国家主席的职权包括：公布法律、发布命令权：法律在全国人大或全国人大常委会正式通过后由国家主席予以颁布施行，国家主席根据全国人大或者全国人大常委会的决定，发布特赦令、紧急状态令、动员令、宣布战争状态等；任免权：全国人大或全国人大常委会确定国务院总理、副总理、国务委员、各部部长、各委员会主任、审计长、秘书长的正式人选后，由国家主席宣布其任职，根据全国人大常委会的决定，国家主席派遣或召回代表国家的常驻外交代表，即驻外使节；外交权：国家主席对外代表国家，进行国事活动，国家主席接受外国使节，根据全国人大常委会的决定，宣布批准或废除同国外缔结的条约和重要协定；荣典权：根据全国人大常委会的决定，国家主席代表国家向那些对国家有重大功勋的人或单位授予荣誉奖章和光荣称号。

（三）国务院

中华人民共和国国务院即中央人民政府，是最高国家权力机关的执行机关，是最高国家行政机关。执行机关和行政机关表明了国务院的性质，即国务院是通过在全国范围内组织一系列的行政管理活动，执行全国人大及其常委会各项决议的最高国家行政机关。即相对于最高国家权力机关来说，国务院处于从属地位。

国务院主要组成机构有：中华人民共和国国务院办公厅、国务院组成部门、国务院直属特设机构、国务院直属机构、国务院办事机构、国务院直属事业单位。

国务院主要有以下职权：

1. 法规制定权

包括规定行政措施、制定行政法规、发布决定和命令的权力。

2. 提案权

国务院是具体管理和组织经济建设和社会生活的最高行政机构，有责任向最高国家权力机关提出有关的法律草案、计划和报告以及计划和报告的执行情况等，在最高国家权力机关审议批准后，使之成为指导社会生活和经济建设的法律文件。国务院的计划、报告都必须在全国人大及其常委会会议上以议案的形式提出。

3. 领导权

包括对所属部委和地方各级行政机关的领导权和监督权，国务院有权改变或撤销地方各级行政机关及所属各部委发布的不适当的决定和命令，国务院所属各部委和地方各级行政机关必须接受国务院的统一领导和监督。

4. 管理权

包括对国防、民族、民政、文教、经济、华侨、外交等各项行政工作的领导和管理权。

5. 任免权

国务院有权依照宪法、国务院组织法、地方组织法以及公务员法等有关法律，任免国家行政机关的领导人员，奖励先进的工作人员，惩罚违反法纪并造成一定不良后果的工作人员。

6. 行政区域划分权

国务院有权批准省、自治区、直辖市的区域划分，批准自治州、县、自治县、市的建置和区域划分。省、自治区、直辖市的行政区域界线的变更，自治州、县、自治县、市、市辖区的设立、撤销、更名和隶属关系的变更，自治州、自治县的行政区域界线的变更，县、市行政区域界线的重大变更，都要由省级人民政府报国务院审批

7. 紧急状态决定权

国务院有权决定省、自治区、直辖市范围内部分地区进入紧急状态。

8. 其他职权

主要是指由最高国家权力机关通过明确的决议，以法律形式授予国务院行使以上述列举权力之外的职权。

（四）中央军事委员会

中央军事委员会是国家的最高军事领导机关，中央军委领导的中国武装力量由中国人民解放军现役部队和预备役部队、中国人民武装警察部队、民兵组成。中央军事委员会是中国国家机构的重要组成部分。

中央军委实行主席负责制：

第一，中央军委主席对全国人大和全国人大常委会负责。

第二，中央军委副主席和委员均由中央军委主席提名。

第三，中央军委的有关重大问题要经委员会集体讨论，但是中央军委主席有决定权。中央军委其他组成人员必须接受中央军委主席的领导，中央军委发布的军令等须由中央军委主席签署方具有法律效力。

（五）国家监察委员会

中华人民共和国监察委员会由全国人民代表大会产生，负责全国监察工作，对全国人民代表大会及其常务委员会负责，并接受其监督。主要体现在以下三个方面。

第一，国家监察委员会的组成人员由全国人大及其常委会选举、

任免。

第二，全国人民代表大会有权罢免国家监察委员会主任。

第三，国家监察委员会向全国人大常委会作专项工作报告，接受执法检查，接受人大代表和常务委员会组成人员就监察工作中的有关问题提出的询问和质询。

国家监察委员会由主任一人、副主任和委员若干人组成。国家监察委员会由全国人大产生，任期与全国人大每届任期相同，且连续任职不得超过两届。任期届满，要重新经过全国人大选举新的国家监察委员会主任。在国家监察委员会每届任期内当选的监察委员会主任，其任期以本届人大剩余的任期为限。法律没有规定国家监察委员会副主任、委员每届任期同全国人大每届任期相同，这是为了保证国家监察机关职权行使的连续性。为保持一致，法律也未对监察委员会副主任、委员连续任职期限作出规定。

（六）人民法院和人民检察院

对于人民法院和人民检察院的相关介绍，请见下文对司法制度的介绍。

二、地方国家机关

（一）县级以上地方各级人大及其常委会

1. 县级及以上地方各级人民代表大会

地方各级人民代表大会是指省、自治区、直辖市、自治州、市、县、市辖区、乡、民族乡、镇的人民代表大会。它们是本行政区域内的国家权力机关，本行政区域内的同级人民政府、人民法院和人民检察院都由其产生，对它负责，受它监督。它们同全国人民代表大会一起构成中国国家权力机关体系。

地方各级人民代表大会由人民选举的代表组成。乡、民族乡、镇、县、自治县、不设区的市、市辖区的人民代表大会的代表由选民直接选举产生；省、自治区、直辖市、自治州、设区的市的人民代表大会的代表由下级人民代表大会选举产生。地方各级人民代表大会每届任期为5年。

根据宪法和法律的规定，地方各级人民代表大会行使下列职权。

（1）保证宪法、法律、行政法规等在本行政区域的遵守和执行

在本行政区域内，保证宪法、法律、行政法规和上级人民代表大会及其常务委员会决议的遵守和执行，保证国家计划和国家预算的执行。

（2）制定地方性法规

省、自治区、直辖市的人民代表大会根据本行政区域的具体情况和实际需要，在不同宪法、法律、行政法规相抵触的前提下，可以制定地方性法规。

设区的市的人民代表大会根据本市的具体情况和实际需要，在不同宪法、法律、行政法规和本省、自治区的地方性法规相抵触的前提下，可以对城乡建设与管理、环境保护、历史文化保护等方面的事项制定地方性法规，法律对设区的市制定地方性法规的事项另有规定的，从其规定。设区的市的地方性法规须报省、自治区的人民代表大会常务委员会批准后施行。

（3）决定地方重大事项

审查和批准本行政区域内的国民经济和社会发展计划、预算以及它们执行情况的报告；讨论、决定本行政区域内的政治、经济、教育、科学、文化等工作的重大事项。

（4）重大人事任免

选举并有权罢免本级人民代表大会常务委员会的组成人员；选举并有权罢免本级人民政府的省长、副省长，自治区主席、副主席，市长、副市长，州长、副州长，县长、副县长，区长、副区长；选举并有权罢免本级监察委员会主任、人民法院院长和人民检察院检察长，选出的人民检察院检察长，须报经上一级人民检察院检察长提请该级人民代表大会常务委员会批准；选举上一级人民代表大会代表。

（5）监督其产生的国家机关

听取和审查本级人民代表大会常务委员会的工作报告；听取和审查本级人民政府和人民法院、人民检察院的工作报告；改变或者撤销本级人民代表大会常务委员会的不适当的决议；撤销本级人民政府的不适当的决定和命令。

（6）保护各种合法权益

保护社会主义的全民所有的财产和劳动群众集体所有的财产，保护公

民私人所有的合法财产，维护社会秩序，保障公民的人身权利、民主权利和其他权利；保护各种经济组织的合法权益；保障少数民族的权利；保障宪法和法律赋予妇女的男女平等、同工同酬和婚姻自由等各项权利。

2. 县级以上地方各级人民代表大会常务委员会

县级以上地方各级人大常委会是本级人民代表大会闭会期间行使地方国家权力的机关，是本级国家权力机关的组成部分。它从属于本级人民代表大会，对本级人民代表大会负责并报告工作。

县级以上地方各级人大常委会由主任、副主任若干人、委员若干人组成。其组成人员均由本级人民代表大会第一次会议从代表中选举产生。人大常委会组成人员不得担任国家行政机关、监察机关、审判机关和检察机关的职务。地方各级人民代表大会任期5年。

根据宪法和法律的规定，县级以上地方各级人大常委会行使下列职权。

（1）保证宪法和法律实施

在本行政区域内，保证宪法、法律、行政法规和上级人民代表大会及其常务委员会决议的遵守和执行。

（2）制定地方性法规

省、自治区、直辖市的人大常委会根据本行政区域的具体情况和实际需要，在不同宪法、法律、行政法规相抵触的前提下，可以制定地方性法规。

设区的市的人大常务委员会根据本市的具体情况和实际需要，在不同宪法、法律、行政法规和本省、自治区的地方性法规相抵触的前提下，可以对城乡建设与管理、环境保护、历史文化保护等方面的事项制定地方性法规，法律对设区的市制定地方性法规的事项另有规定的，从其规定。

（3）决定重大事项

讨论、决定本行政区域内的政治、经济、文教卫生、民政、民族等工作的重大事项；决定对本行政区域内的国民经济和社会发展计划、预算的部分变更等。

（4）人事任免

在本级人民代表大会闭会期间，决定副省长、自治区副主席、副市长、副州长、副县长，副区长的个别任免；在省长、自治区主席、市长、州长、县长、区长和监察委员会主任、人民法院院长、人民检察院检察长因故不能担任职务的时候，从本级人民政府、监察委员会、人民法院、人民检察院副职领导人员中决定代理的人选；决定代理检察长，须报上一级人民检察院和人民代表大会常务委员会备案；根据省长、自治区主席、市长、州长、县长、区长的提名，决定本级人民政府秘书长、厅长、局长、委员会主任、科长的任免，报上一级人民政府备案，等等。

(5) 监督本级国家机关

各级人大常委会有权监督本级人民政府、监察委员会、人民法院和人民检察院的工作；撤销本级人民政府不适当的决定和命令。

(二) 县级以上地方各级人民政府

根据宪法的规定，县级以上地方各级人民政府是指省、自治区、直辖市、自治州、设区的市、县、自治县、不设区的市、市辖区的人民政府。地方各级人民政府是地方各级国家权力机关的执行机关，是地方各级国家行政机关。由同级人民代表大会产生，对同级人大及其常委会负责并报告工作。地方各级人民政府都是国务院统一领导下的国家行政机关。

根据宪法和法律的规定，地方各级人民政府主要行使以下职权：执行本级人大及其常委会的决议和上级国家行政机关的决定和命令，执行国民经济和社会发展计划以及预算；规定行政措施，发布决定和命令；领导所属各工作部门和下级人民政府的工作；管理本行政区域内的经济、教育、科学、文化、卫生、体育、环保、城乡建设和财政、民政、公安、民族事务、司法行政、计划生育等行政工作；依照法律规定任免、培训、考核和奖惩国家行政机关工作人员；改变或撤销所属工作部门的决定、指示和下级人民政府不适当的决定和命令；保护公民各方面的权利；办理上级国家行政机关交办的其他事项。

省、自治区、县、自治县、市辖区和不设区的市的人民政府，在必要时经上一级人民政府批准，可分别设若干派出机关。省、自治区人民政府的派出机关是行政公署，简称“行署”；县、自治县人民政府的派出机关是区公所；市辖区和不设区的市人民政府的派出机关是街道办事处。派出机关受派出的人民政府委托，代表派出的人民政府进行行政管理。根据法律、法规和规章的授权，派出机关也可以自己的名义进行行政管理。

【风险提示】

在中国，各级人民代表大会为国家的权力机关，并由人大选举或决定产生其他机关。人大与“一府一委两院”的关系是产生与被产生、监督与被监督、决定与执行的关系。

【法条指引】

中华人民共和国宪法（节录）

第五十七条 中华人民共和国全国人民代表大会是最高国家权力机关。它的常设机关是全国人民代表大会常务委员会。

第八十条 中华人民共和国主席根据全国人民代表大会的决定和全国人民代表大会常务委员会的决定，公布法律，任免国务院总理、副总理、国务委员、各部部长、各委员会主任、审计长、秘书长，授予国家的勋章和荣誉称号，发布特赦令，宣布进入紧急状态，宣布战争状态，发布动员令。

第八十一条 中华人民共和国主席代表中华人民共和国，进行国事活动，接受外国使节；根据全国人民代表大会常务委员会的决定，派遣和召回驻外全权代表，批准和废除同外国缔结的条约和重要协定。

第八十五条 中华人民共和国国务院，即中央人民政府，是最高国家权力机关的执行机关，是最高国家行政机关。

第九十三条第一款 中华人民共和国中央军事委员会领导全国武装力量。

第九十六条 地方各级人民代表大会是地方国家权力机关。

县级以上的地方各级人民代表大会设立常务委员会。

第一百零五条 地方各级人民政府是地方各级国家权力机关的执行机关，是地方各级国家行政机关。

地方各级人民政府实行省长、市长、县长、区长、乡长、镇长负责制。

第一百一十二条 民族自治地方的自治机关是自治区、自治州、自治县的人民代表大会和人民政府。

第一百二十三条 中华人民共和国各级监察委员会是国家的监察机关。

第一百二十八条 中华人民共和国人民法院是国家的审判机关。

第一百三十四条 中华人民共和国人民检察院是国家的法律监督机关。

第三章

行政法律制度

第一节　行政法律制度概述

【规则要点】

行政权力是保证社会运行的重要外部力量，因此，和其他法律相比，行政法有其自身的特点。此处的行政法是行政法部门，中国不存在行政法的单独法律，行政法部门主要由《中华人民共和国行政许可法》《中华人民共和国行政复议法》《中华人民共和国行政处罚法》《中华人民共和国行政诉讼法》等法律构成。

【理解与适用】

行政法是调整和规范行政权的部门法，是规范行政权的授予、行使和运作及其监管的法律规范的总称，是中国社会主义特色法律体系的重要组成部分。

行政法具有以下特征。

第一，目的的公共性。

行政法上的行政活动必须以实现公共利益为目标，即必须针对行政事务做出。

第二，主体的恒定性。

行政法上的主体鲜明，必须一方主体是行政机关，另一方主体是行政利害关系人。

第三，行为的执行性、规范性和能动性。

执行性是指行政法的内容是由行政机关来执行。规范性是指行政机关的行政行为必须符合法律的规定，法无授权不可为。能动性是行政法和司法权之间最大的不同，行政机关要积极主动完成行政法赋予其的行政职能，同时在法律原则的规范下具有一定的灵活性。

目前，中国的行政法体系基本完备，其内容涵盖了行政主体、行政行为、对行政救济及监督等方面，行政法规包括国务院组织法、行政许可法、行政强制法、行政处罚法、行政复议法、行政诉讼法等法律法规。除在全国范围普遍适用的法律外，地方政府制定亦在上位法的概念下对其内容进行了具体的规定。但本书讨论的行政法内容限于在全国范围内适用的一般行政法律规范。

【风险提示】

行政法区别于其他法律的重要标志就是主体的特殊性，行为主体一方必须是行政机关，这样才可能是行政法行为。

第二节 行政法律制度的基本原则

【规则要点】

行政法是保证社会有序进行的重要法律部门。在履行职责时更需要遵守一定的原则，否则会造成行政权力的扩大，行政机关滥用行政权。因此，合法行政是行政法最基本的原则，除此之外，还有合理行政、程序正当、高效便民、诚实信用的基本原则。

【理解与适用】

行政机关在进行行政行为时要遵循一定的原则，该原则称为行政法律制度的基本原则。

根据中国的法律规定，行政机关要遵循以下几个原则。

一、依法行政原则

行政机关的职权和在行使职权中产生的权力义务必须以法律为依据。行政处罚法第 3 条第 1 款明确规定：“公民、法人或者其他组织违反行政管理秩序的行为，应当给予行政处罚的，依照本法由法律、法规或规章规定，并由行政机关依照本法规定的程序实施。”行政许可法第 4 条规定：“设定和实施行政许可，应当依照法定的权限、范围、条件和程序。”

依法行政原则的要求主要有以下两点。

1. 法律优先

在行政立法方面，行政机关的任何规定和决定都不得与法律相抵触，行政机关不得作出不符合现行法律的规定和决定；在行政司法方面，行政机关有义务积极执行和实施现行有效法律规定的义务，行政机关不积极履行其作为义务，将构成不作为违法。

2. 法律保留

行政机关的活动应当以明确的法律授权为基础和前提，即法无授权即禁止。在行政立法方面，立法机关保留对某些事项的立法权限，行政立法不能以消极地不抵触法律为满足，还需要有明确的授权；在行政执法方面，如果没有立法文件的规定，行政机关不得作出影响公民、法人和其他组织合法权益的行为。

依法行政是行政法的首要原则，其他基本原则都是依法行政原则的延伸。

二、合理行政原则

合理行政是指行政机关行使行政权力应当客观、适度、符合理性。行政许可法第 5 条第 1 款规定：“设定和实施行政许可，应当遵循公开、公平、公正的原则。”行政处罚法第 4 条第 1 款规定：“行政处罚遵循公正、公开的原则。”行政强制法第 5 条规定：“行政强制的设定和实施，应当适当。采用非强制手段可以达到行政管理目的的，不得设定和实施行政强制。”

该原则的内容包括以下两个方面。

1. 公平公正对待原则

行政机关要平等对待行政相对人，同时，对待同等情况要同等对待。

2. 比例原则

行政权的行使要全面衡量公共利益和公民、法人和其他组织的个人利益，尽量采取对行政相对人和相关人权益损害最小的方式，具体包括：合目的性、适当性、损害最小。

三、程序正当原则

行政行为的作出要符合法定程序，未依法定程序作出的行政行为的效力具有一定的瑕疵甚至无效。政府信息公开条例第6条规定："行政机关应当及时、准确地公开政府信息。行政机关发现影响或者可能影响社会稳定、扰乱社会和经济管理秩序的虚假或者不完整信息的，应当发布准确的政府信息予以澄清。"行政许可法第5条第2款规定："有关行政许可的规定应当公布；未经公布的，不得作为实施行政许可的依据。行政许可的实施和结果，除涉及国家秘密、商业秘密或者个人隐私的外，应当公开。未经申请人同意，行政机关及其工作人员、参与专家评审等的人员不得披露申请人提交的商业秘密、未披露信息或者保密商务信息，法律另有规定或者涉及国家安全、重大社会公共利益的除外；行政机关依法公开申请人前述信息的，允许申请人在合理期限内提出异议。"行政处罚法第4条第3款规定："对违法行为给予行政处罚的规定必须公布；未经公布的，不得作为行政处罚的依据。"该原则的内容包括：行政公开、公众参与、回避。其中，公众参与主要包括获得通知权、参与权、表达权、监督权。

四、高效便民原则

行政行为的作出要符合效率高、利民的理念。行政许可法第6条规定："实施行政许可，应当遵循便民的原则，提高办事效率，提供优质服务。"第25条规定："经国务院批准，省、自治区、直辖市人民政府根据精简、统一、效能的原则，可以决定一个行政机关行使有关行政机关的行政许可权。"

高效便民原则的内容包括行政效率原则和便利当事人原则。行政效率原则要求行政机关应当积极履行法定职责，禁止不作为或不完全作为，同时，行政机关必须遵守法定时限，禁止不合理迟延。便利当事人原则要求行政机关在行政活动中应当减轻当事人的负担，便利当事人。

五、诚实守信原则

诚实守信原则主要是指信赖利益保护原则。诚实原则要求行政机关根据的信息应当全面、准确、真实。信用原则要求非因法定事由并经法定程序，行政机关不得撤销、变更已经生效的行政决定，除此之外，还要求若因国家利益、公共利益或者其他法定事由需要撤回或者变更行政决定的，应当依照法定权限和程序进行，并对行政相对人因此受到的信赖利益损失依法予以补偿。

【风险提示】

行政法的基本原则体现于各部行政法法律规范的内容中，任何违反基本原则的行政行为都是无效或者可撤销的。

【相关案例】

鲁潍（福建）盐业进出口有限公司苏州分公司诉江苏省苏州市盐务管理局盐业行政处罚案

2007年11月12日，鲁潍（福建）盐业进出口有限公司（简称“鲁潍公司”）从江西等地购进360吨工业盐。苏州市盐务局认为鲁潍公司进行工业盐购销和运输时，应当按照《江苏省〈盐业管理条例〉实施办法》的规定办理工业盐准运证，鲁潍公司未办理工业盐准运证即从省外购进工业盐涉嫌违法。2009年2月26日，苏州市盐务局经听证、集体讨论后认为，鲁潍公司未经江苏省盐业公司调拨或盐业行政主管部门批准从省外购进盐产品的行为，违反了《江苏省〈盐业管理条例〉实施办法》第23条、第32条第2项的规定，并根据《江苏省〈盐业管理条例〉实施办法》第42条的规定，对鲁潍公司作出了（苏）盐政一般〔2009〕第001-B号处罚决定书，决定没收鲁潍公司违法购进的精制工业盐121.7吨、粉盐93.1吨，并处罚款 122363 元。鲁潍公司不服该决定，于 2 月 27 日向苏州市人民政府申请行政复议。苏州市人民政府于 4 月 24 日作出了〔2009〕苏行复第 8 号复议决定书，维持了苏州市盐务局作出的处罚决定。鲁潍公司因此起诉苏州盐务局。

人民法院审理行政案件，依据法律、行政法规、地方性法规，参照规章。苏州盐务局在依职权对鲁潍公司作出行政处罚时，虽然适用了《江苏省〈盐业管理条例〉实施办法》，但是未遵循立法法第 88 条关于法律效力等级的规定，未依照行政许可法和行政处罚法的相关规定，属于适用法律错误，依法应予撤销。

【法条指引】

中华人民共和国行政许可法（节录）

第八条 公民、法人或者其他组织依法取得的行政许可受法律保护，行政机关不得擅自改变已经生效的行政许可。

行政许可所依据的法律、法规、规章修改或者废止，或者准予行政许可所依据的客观情况发生重大变化的，为了公共利益的需要，行政机关可以依法变更或者撤回已经生效的行政许可。由此给公民、法人或者其他组织造成财产损失的，行政机关应当依法给予补偿。

第十四条 本法第十二条所列事项，法律可以设定行政许可。尚未制定法律的，行政法规可以设定行政许可。

必要时，国务院可以采用发布决定的方式设定行政许可。实施后，除临时性行政许可事项外，国务院应当及时提请全国人民代表大会及其常务委员会制定法律，或者自行制定行政法规。

第十五条 本法第十二条所列事项，尚未制定法律、行政法规的，地方性法规可以设定行政许可；尚未制定法律、行政法规和地方性法规的，因行政管理的需要，确需立即实施行政许可的，省、自治区、直辖市人民政府规章可以设定临时性的行政许可。临时性的行政许可实施满一年需要继续实施的，应当提请本级人民代表大会及其常务委员会制定地方性法规。

地方性法规和省、自治区、直辖市人民政府规章，不得设定应当由国家统一确定的公民、法人或者其他组织的资格、资质的行政许可；不得设定企业或者其他组织的设立登记及其前置性行政许可。其设定的行政许可，不得限制其他地区的个人或者企业到本地区从事生产经营和提供服务，不得限制其他地区的商品进入本地区市场。

第三节　行政主体法律制度

【规则要点】

行政主体是行政行为的主体，与行政相对人相对应。对于行政主体的规定，见于行政组织法、公务员法等法律中。

【理解与适用】

行政主体法律制度是关于行政机关的组建及其法律地位、公务员的产生及其法律地位，主要包括行政组织法、公务员法和行政编制法等法律。

一、行政组织法

行政组织法是规定行政机关的职权和其所属机构、公务员关系的法律规范。行政机关行使的行政职权由宪法和法律设定，行政机关不能给自己设定职责和权限。目前，中国有两部重要的行政组织法，即《中华人民共和国国务院组织法》和《中华人民共和国地方各级人民代表大会和地方各级人民政府组织法》。

《中华人民共和国国务院组织法》对于国务院的组成、职能和基本活动方式作出了具体的规定，国务院行使由宪法赋予其的法定职权。《中华人民共和国地方各级人民代表大会和地方各级人民政府组织法》对于地方政府的权限和职能进行了规定。政府职权的主要规定请参考第二章中宪法对其职责的规定。

二、公务员法

公务员是依法履行公职、纳入国家行政编制、由国家财政承担其工资福利的工作人员。《中华人民共和国公务员法》对于公务员管理的各个制度进行了规定，我们对公务员的介绍主要以该法为主线。

（一）公务员的条件

公务员应当具备以下条件：具有中国国籍、年满18周岁、拥护《中华人民共和国宪法》、具有良好的品行、具有正常履行职责的身体条件、具有符合职位要求的文化程度和工作能力、法律规定的其他条件。

（二）公务员公职的取得

公务员公职的取得主要有以下几种方式。

1. 录用制

适用于初次进入行政机关，担任主任科员以下及其他相当职务层次的非领导职务的公务员。新录用的公务员的试用期为1年，试用期满合格的予以任职，不合格的取消录用，但是，曾因犯罪受过刑事处罚的、曾被开除公职的以及有法律规定的不得录用为公务员的其他情形的，排除录用。

2. 选任制

通过民主选举的方式任用公务员职务，适用于领导职务，即通过人大及其常委会选举的方式任免领导职务公务员。各级政府组成人员实行选任制，即由各级人大及其常委会选举产生或者决定任命。

3. 委任制

由任免机关在其任免权限范围内直接决定拟任职人选，委派其担任某种职务的方式。委任制的实质就是由上级领导直接决定任用人选。

4. 聘任制

公务员法第100条规定："机关根据工作需要，经省级以上公务员主管部门批准，可以对专业性较强的职位和辅助性职位实行聘任制。前款所列职位涉及国家秘密的，不实行聘任制。"对于该类公务员可以参照公务员考试录用的程序进行公开招聘，也可以从符合条件的人员中直接选聘，但是应当在规定的编制限额和工资经费限额内进行。对于经聘任制任职的公务员，机关应当按照平等自愿、协商一致的原则，签订书面的聘任合同，确定机关与所聘公务员双方的权利、义务。聘任合同经双方协商一致可以变更或者解除，但是对于聘任合同的签订、变更或者解除，应当报同级公务员主管部门备案。聘任合同应当具备合同的基本内容，包括期限、职位及其职责要求，工资、福利、保险待遇、违约责任等条款。其中，期限为1年至5年，可以约定试用期，试用期为1个月至6个月；工资按照国家规定实行协议工资制，具体办法由中央公务员主管部门定；当双方之间发生争议时，公务员可以自争议发生之日起60日内向人事争议仲裁委员会申请仲裁，当事人对仲裁裁决不服的，可以自接到仲裁裁决书之日起15日内向人民法院提起诉讼，仲裁裁决生效后，一方当事人不履行的，另一方当事人可以申请人民法院执行。

（三）公职的履行

公务员要依据法律的规定履行一定的义务：模范遵守宪法和法律、按照规定的权限和程序认真履行职责，努力提高工作效率、全心全意为人民服务，接受人民监督、维护国家的安全、荣誉和利益、忠于职守，勤勉尽责，服从和执行上级依法作出的决定和命令、保守国家秘密和工作秘密、遵守纪律，恪守职业道德，模范遵守社会公德、清正廉洁，公道正派、法律规定的其他义务。对于其是否严格履行其义务，中国法律也制定了一定的考核标准：包括德、能、勤、绩、廉，重点是工作业绩。考核的结果分为优秀、称职、基本称职、不称职四种。对于表现优异者进行奖励，而对不称职者则规定了相应的法律后果。

公务员在任职期间，除履行上述基本义务外，还要遵循一定的回避原则。根据公务员法的有关规定，应当回避的情形包括：公务员之间有夫妻关系、直系血亲关系、三代以内旁系血亲关系以及姻亲关系的，不得在同一机关担任双方直接隶属同一领导人员的职务或者有直接上下领导关系的职务，也不得在其中一方担任领导职务的机关从事组织、人事、纪检、监察、审计和财务工作，但是经省级以上公务员主管决定，对于地域或者工作性质特殊，可以变通执行任职回避的；公务员执行公务时，涉及本人利害关系的、涉及与本人有上述所列亲属关系人员的利害关系的、其他可能影响公正执行公务的。除此之外，针对退休或者辞去公职的公务员也进行了一定的回避规定。

公务员若未依法履行公职，会受到一定的处分。中国法律对于公务员的处分种类和期限分别作了不同的规定：警告，6个月；记过，12个月；记大过，18个月；降级、撤职，24个月。对公务员进行处分也要遵守法定程序：立案调查、陈述申辩、决定的作出、通知与备案、决定的生效。处分期满后，由处分机关决定解除处分。

（四）公务员的退出

对于公务员公职的退出，中国法律也规定了几种不同的情形。

1. 辞职

向任免机关书面提出申请。但是在一定条件下，公务员不得辞职：未满国家规定的最低服务年限的；在涉及国家秘密等特殊职位任职或者离开上述职位不满国家规定的脱密期限的；重要公务尚未处理完毕，且须由本人继续处理的；正在接受审计、纪律审查，或者涉嫌犯罪，司法程序尚未终结的；法律、行政法规规定的其他不得辞去公职的情形。

2. 辞退

例如在年度考核中，连续两年被确定为不称职的；不胜任现职工作又不接受其他安排的等。

3. 退休

分为法定退休和提前退休两种。法定退休的情形是公务员达到法定年龄或者完全丧失工作能力；提前退休在满足一定的条件下，需要经本人自愿的申请同时要经过任免机关的批准：工作年限满 30 年的；距国家规定的退休年龄不足 5 年，且工作年限满 20 年的；符合国家规定的可以提前退休的其他情形的。

【风险提示】

成为公务员需要满足三个条件：依法履行公职、纳入国家行政编制、由国家财政负担工资福利的工作人员。但是，公务员中的领导成员与法官、检察官等的权利义务等适用其特殊规定。

【法条指引】

中华人民共和国公务员法（节录）

第二条 本法所称公务员，是指依法履行公职、纳入国家行政编制、由国家财政负担工资福利的工作人员。

公务员是干部队伍的重要组成部分，是社会主义事业的中坚力量，是人民的公仆。

第三条 公务员的义务、权利和管理，适用本法。

法律对公务员中领导成员的产生、任免、监督以及监察官、法官、检察官等的义务、权利和管理另有规定的，从其规定。

第五条 公务员的管理，坚持公开、平等、竞争、择优的原则，依照法定的权限、条件、标准和程序进行。

第六条 公务员的管理，坚持监督约束与激励保障并重的原则。

第七条 公务员的任用，坚持德才兼备、以德为先，坚持五湖四海、任人唯贤，坚持事业为上、公道正派，突出政治标准，注重工作实绩。

第九十五条 公务员对涉及本人的下列人事处理不服的，可以自知道该人事处理之日起三十日内向原处理机关申请复核；对复核结果不服的，可以自接到复核决定之日起十五日内，按照规定向同级公务员主管部门或者作出该人事处理的机关的上一级机关提出申诉；也可以不经复核，自知道该人事处理之日起三十日内直接提出申诉：

（一）处分；

（二）辞退或者取消录用；

（三）降职；

（四）定期考核定为不称职；

（五）免职；

（六）申请辞职、提前退休未予批准；

（七）未按规定确定或者扣减工资、福利、保险待遇；

（八）法律、法规规定可以申诉的其他情形。

对省级以下机关作出的申诉处理决定不服的，可以向作出处理决定的上一级机关提出再申诉。

受理公务员申诉的机关应当组成公务员申诉公正委员会，负责受理和审理公务员的申诉案件。

公务员对监察机关作出的涉及本人的处理决定不服向监察机关申请复审、复核的，按照有关规定办理。

第一百零七条 公务员辞去公职或者退休的，原系领导成员、县处级以上领导职务的公务员在离职三年内，其他公务员在离职两年内，不得到与原工作业务直接相关的企业或者其他营利性组织任职，不得从事与原工作业务直接相关的营利性活动。

公务员辞去公职或者退休后有违反前款规定行为的，由其原所在机关的同级公务员主管部门责令限期改正；逾期不改正的，由县级以上市场监管部门没收该人员从业期间的违法所得，责令接收单位将该人员予以清退，并根据情节轻重，对接收单位处以被处罚人员违法所得一倍以上五倍以下的罚款。

第四节 行政行为法律制度

【规则要点】

行政行为有抽象行政行为和具体行政行为两种，其中，具体行政行为最能体现行政行为特点。

【理解与适用】

行政行为分为抽象行政行为和具体行政行为两种。抽象行政行为是行政立法有关的行政行为，具体行政行为则是国家行政机关依法行使行政权力，就特定的事项对特定的主体作出的有关其权利义务的单方的行政行为。

一、抽象行政行为

（一）行政法规

在中国，行政法规是指中华人民共和国国务院领导和管理国家各项行政工作，根据宪法和法律，按照行政法规规定的程序制定的政治、经济、教育、科技、文化、外事等各类法规的总称。

1. 行政法规的范围

国务院制定行政法规的事项有：

第一，为执行法律的规定需要制定行政法规的事项；

第二，宪法赋予国务院行政管理职权的事项；

第三，应当由全国人大及其常委会制定法律的事项，国务院根据全国人大及其常委会的授权决定先制定的行政法规。

2. 制定程序

第一，立项。

国务院有关部门认为需要制定行政法规的，应当于国务院编制年度立法工作计划前，向国务院报请立项；国务院法制机构汇总后拟定国务院年度立法工作计划，报国务院审批；国务院立法项目中的法律项目应与全国人大常委会的立法规划和年度立法计划相衔接。

第二，起草。

一般行政法规由国务院组织起草，重要的由国务院法制机构组织起草；起草过程中要严守民主立法、开门立法、专业立法、部门协商等原则；起草的草案由国务院法制机构进行审查。

第三，决定与公布。

决定包括审议和审批两种；草案修改稿报请总理签署国务院令公布施行，有关国防建设的行政法规可以由国务院总理、中央军事委员会主席共同签署，国务院、中央军事委员会令公布。

（二）行政规章

行政规章有国务院的部门规章和地方政府的规章两种。

国务院的部委行署、具有行政管理职能的直属机构以及被授权的直属事业单位，可以根据法律和国务院的行政法规、决定、命令，在本部门的权限范围内，制定规章。

省、自治区、直辖市和设区的市、自治州的人民政府，可以根据法律、行政法规和本省、自治区、直辖市的地方性法规，制定规章，其中设区的市、自治州政府制定地方政府规章，限于城乡建设与管理、环境保护、历史文化保护等方面的事项。

行政规章的制定，没有上位法的依据，不能设定减损公民、法人和其他组织权利或者增加其义务的规范。

规章的制定程序和行政法规几乎一致，都要经历立项、起草、审查、决定和公布几个阶段。

（三）规范性文件

规范性文件是指行政机关针对不特定的对象发布的能够反复适用的行政文件。其基本特征是：针对的对象不特定，能够反复适用。制定主体广泛：各级政府及其工作部门在行政管理过程中都可以依法制定。

二、具体行政行为

具体行政行为依据不同的标准可以进行多种不同的分类，本书主要介绍几种在中国比较重要的具体行政行为，包括行政许可、行政处罚、行政强制、行政公开和行政征收。

（一）行政许可

行政许可是一种依申请的、授益性的、要式的、过程性、连续性的、是对一般禁止的解除的行政行为。

1. 行政许可的类型

行政许可分为以下几种类型。

普通许可，一般没有数量控制，行政机关没有自由裁量权。

特许事项，被许可人要交纳一定的费用，而且有数量限制，行政机关对此有自由裁量权，必须经过招标、拍卖等公平竞争的方式取得。

认可，一般需要考试，与申请人的身份、能力有关，行政机关没有自由裁量权。

核准，依据的主要是技术标准、技术规范，具有很强的专业性、技术性和客观性。

登记，对申请材料只做形式上的审查，通常当场作出是否准予登记的决定。

2. 行政许可的设定权限

行政许可法第 12 条规定了可以设定行政许可的内容。

第一，直接涉及国家安全、公共安全、经济宏观调控、生态环境保护以及直接关系人身健康、生命财产安全等特定活动，需要按照法定条件予以批准的事项；

第二，有限自然资源开发利用、公共资源配置以及直接关系公共利益的特定行业的市场准入等，需要赋予特定权利的事项；

第三，提供公众服务并且直接关系公共利益的职业、行业，需要确定具备特殊信誉、特殊条件或者特殊技能等资格、资质的事项；

第四，直接关系公共安全、人身健康、生命财产安全的重要设备、设施、产品、物品，需要按照技术标准、技术规范，通过检验、检测、检疫等方式进行审定的事项；

第五，企业或者其他组织的设立等，需要确定主体资格的事项；

第六，法律、行政法规规定可以设定行政许可的其他事项。

对于上述事项，尚未制定法律、行政法规的，地方性法规可以设定行政许可；尚未制定法律、行政法规和地方性法规的，因行政管理的需要，确须立即实能行政许可的，省、自治区、直辖市人民政府规章可以设定临时性的行政许可。临时性的行政许可实施满 1 年要继续实施的，应当提请本级人民代表大会及其常务委员会制定地方性法规和省、自治区、直辖市人民政府规章，不得设定应当由国家统一确定的公民、法人或者其他组织的资格、资质的行政许可；不得设定企业或者其他组织的设立登记及其前置性行政许可。其设定的行政许可，不得限制其他地区的个人或者企业到本地区从事生产经营和提供服务，不得限制其他地区的商品进入本地区市场。

3. 行政许可的实施程序

（1）实施机关

实施机关包括行政机关、被授权的组织、被委托机关。

行政机关仅限于法律规定享有行政许可职权的行政机关。

行政许可法第 23 条规定："法律、法规授权的具有管理公共事务职能的组织，在法定授权范围内，以自己的名义实施行政许可。被授权的组织适用本法有关行政机关的规定。"因此，被授权组织实施行政许可的条件为：授权依据是法律、法规；被授权的组织必须是具有管理公共事务职能的组织；被授权组织以自己的名义对外实施行政许可；对实施行政许可行为的后果独立承担法律责任。

行政许可法第 24 条第 1 款规定："行政机关在其法定职权范围内，依照法律、法规、规章的规定，可以委托其他行政机关实施行政许可。委托机关应当将受委托行政机关和受委托实施行政许可的内容予以公告。"因此，被委托的组织实施行政许可要满足的条件是：委托依据是法律、法规、规章；委托机关应当将受托机关和受托实施行政许可的内容予以公告；受托者必须是行政机关；受委托机关不得再委托；受委托机关应当以委托机关的名义实施行政许可；委托机关承担相应的法律后果。

（2）实施程序

行政许可的一般程序按照先后顺序可以分为申请、受理、审查、决定。

第一，申请。

申请人应自己到行政机关办公场所提出；申请人也可以委托代理人提出，但依法应当由申请人到行政机关办公场所提出行政许可申请的除外。

申请人可以信函、电报、电传、传真、电子数据交换以及电子邮件等书面方式提出。但是，无论采用何种方式提出申请，都必须采用书面形式，不得以口头方式提出申请。

第二，受理。

行政主体对申请人提出的行政许可申请，如果申请事项属于本行政机关职权范围，申请材料齐全、符合法定形式的，应当受理行政许可申请。而如果出现下列特殊情况，则应当分别作出相应处理：申请事项依法不需要取得行政许可则不予受理，或者申请事项不属于本机关职权范围，应当及时作出不予受理决定，并告知申请人向有关机关申请。当申请材料存在缺陷时，当场可以更正的，行政主体应当允许申请人当场更正；若材料不符合法定形式或者不齐全的，应当当场或者 5 日之内一次性告知申请人所需的材料。无论行政主体是否受理申请人的行政许可申请，都应当向申请人出具加盖本机关专用印章和注明日期的书面凭证。

第三，审查。

包括形式审查和实质审查两部分。形式审查是行政主体仅对申请材料的形式要件进行审查，包括申请材料是否齐全、是否符合法定形式等。实质审查包括：审查申请材料反映的申请人条件的适法性，审查申请材料反映的实质性内容的真实性。

第四，决定。

准予行政许可的，应当书面作出决定，同时予以公开，公众有查阅权；拒绝行政许可的，也应当书面作出决定，说明不予行政许可的理由，并告知申请人享有依法申请行政复议或者提起行政诉讼的权利。

第五，行政许可的听证程序。

听证程序可以依申请或者依职权启动，法律、法规、规章规定实施行政许可应当听证的事项，以及行政主体认为需要听证的其他涉及公共利益的重大行政许可事项，行政主体可以启动听证程序。行政许可直接涉及申请人与他人之间重大利益关系的，行政主体在作出行政许可决定之前，应当告知申请人、利害关系人有要求听证的权利。申请人或利害关系人在被告知之日起 5 日内提出听证申请的，行政主体应当在 20 日内组织听证。

行政主体应当于举行听证 7 日前将举行听证的时间、地点通知申请人、利害关系人，必要时予以公告。申请人、利害关系人有权申请听证；听证会应该公开进行；听证会应当制作笔录，该笔录交听证参加人确认无误后签字盖章；听证费用由行政主体承担。

第六，行政许可的撤销、撤回、注销。

当出现下列情况时，行政主体可以依法撤销其行政许可：行政机关工作人员滥用职权、玩忽职守作出准予行政许可决定的；超越法定职权作出准予行政许可决定的；违反法定程序作出准予行政许可决定的；对不具备申请资格或者不符合法定条件的申请人准予行政许可的；依法可以撤销行政许可的其他情形。

行政机关基于公共利益的需要可撤回已经作出的行政许可决定。撤回须有法定事由：行政许可依据的法律、法规、规章修改或者废止；准予行政许可所依据的客观情况发生重大变化的。

注销是行政机关针对效力已经消灭的行政许可进行登记，以确认其此后不再具有行政许可效力。注销必须依法定原因：行政许可有效期届满未延续的；赋予公民特定资格的行政许可，该公民死亡或者丧失行为能力的；法人或者其他组织依法终止的；行政许可依法被撤销、撤回，或者行政许可证件依法被吊销的；因不可抗力导致行政许可事项无法实施的。

（二）行政处罚

行政处罚是指行政主体依照法定职权和程序对违反行政法规范、尚未构成犯罪的相对人给予行政制裁的具体行政行为。

1. 行政处罚的种类

行政处罚法规定了几种行政处罚方式：警告、罚款、没收违法所得和非法财物、责令停产停业、暂扣或者吊销许可证或者执照、行政拘留。除此之外，行政处罚法授权法律和行政法规可以创设其他种类的行政处罚，包括驱逐出境和通报批评。

2. 行政处罚的实施

（1）实施主体

行政处罚的实施主体包括行政机关、法律法规授权的组织、行政机关委托的组织等。

第一，行政机关。

行政处罚法第16条规定：“国务院或者经国务院授权的省、自治区、直辖市人民政府可以决定一个行政机关行使有关行政机关的行政处罚权，但限制人身自由的行政处罚权只能由公安机关行使。”即行政机关在法定职权范围内实施行政处罚权。

第二，法律法规授权的组织。

行政处罚法第17条规定：“法律、法规授权的具有管理公共事务职能的组织可以在法定授权范围内实施行政处罚。”因此，法律法规授权的组织若能实施行政处罚，必须满足一定的条件：具有管理公共事务的职能、有法律法规的明确授权，该组织应以自己的名义实施行政处罚且独立承担法律责任。

第三，行政机关委托的组织。

被委托的组织若要实施行政处罚，也应满足一定的条件：委托必须以法律、法规、规章的明确规定为依据，该组织是依法成立的管理公共事务的事业组织，该组织有熟悉相关法律、法规、规章和从事相关业务的工作人员。此种情况下，被委托组织以行政机关的名义实施行政处罚，且法律责任由行政机关承担。

（2）决定程序

在有关机关作出行政处罚决定前，一定要查明事实、履行告知义务、充分听取意见，在满足该条件后，可以根据不同情况适用简易程序、一般程序和听证程序三种程序。

简易程序。适用条件为：违法事实确凿、有法定依据、违法行为社会危害性小。基本步骤为：出示证件、制作现场笔录、现场制作由执法人员签名盖章的处罚决定书、送达该决定书、备案。

一般程序。这是行政机关进行行政处罚所遵循的最完整、应用最广泛的程序。一般程序包括以下几个阶段：立案、调查取证、决定、制作行政处罚决定书、送达决定书。

听证程序。这是一般程序的组成部分和重要阶段，并不是一个独立的程序。听证程序是依当事人的申请启动的，行政机关在作出责令停产停业、吊销许可证或者执照和较大数额款等行政处罚决定之前，应当告知当事人有申请听证的权利；当事人要求听证的，应当在行政机关告知后3日内提出听证申请。当事人申请后，行政机关应当在7日内通知听证会的举行时间和地点，在听证过程中，当事人或者行政机关可以申请回避，听证以公开的方式进行，但当事人可以亲自参加听证，也可以委托代理人进行听证，听证的费用依然由行政主体承担。

(3) 行政处罚的执行

当事人对行政处罚决定不服申请复议或者提起诉讼的，原则上不停止行政处罚的执行，法律另有规定的，从其例外；同时，在执行的过程中，作出行政处罚的行政机关与收缴罚款的机关要分离。执行方式包括：当事人自愿履行、行政机关强制执行、申请法院强制执行。

(三) 行政强制

行政强制包括行政强制措施和行政强制执行。

1. 行政强制措施

行政强制措施必须依法进行。

第一，实施前须向行政机关负责人报告并经批准；

第二，必须有 2 名以上行政执法人员实施；

第三，执法人员当场要出示执法身份证件；

第四，应通知当事人到场并且当场告知当事人采取行政强制措施的理由、依据以及当事人依法享有的权利；

第五，告知后听取其陈述和申辩；

第六，制作现场笔录，该笔录由当事人和行政执法人员签名或者盖章，当事人拒绝的，在笔录中予以注明；

第七，如果当事人不到场的，邀请见证人到场，由见证人和行政执法人员在现场笔录上签名或者盖章。

除此之外，还有几种特殊程序：查封、扣押和冻结。

在查封、扣押过程中，行政机关应按照法定程序制作并当场交付查封扣押决定书和清单，在决定书中必须载明的事项包括：当事人的姓名或者名称、地址；查封、扣押的理由、依据和期限；查封、扣押场所、设施或者财物的名称、数量等；申请行政复议或者提起行政诉讼的途径和期限；行政机关的名称、印章和日期。但是，在法定条件下，行政机关应及时作出解除查封扣押的决定，具体情形包括：当事人没有违法行为；查封、扣押的场所、设施或者财物与违法行为无关；行政机关对违法行为已经作出处理决定，不再需要查封、扣押；查封、扣押期限已经届满；其他不再需要采取查封、扣押措施的情形。

根据法律规定，有权实施冻结存款和汇款强制措施的主体有公安机关、税务机关、国家安全机关、监狱和海关等。实施程序为：制作冻结通知书；通知协助的金融机构；协助金融机构审核有关手续；金融机构立即协助冻结；作出冻结决定的行政机关应当在3日内向当事人交付冻结决定。

2. 行政强制执行

根据我国行政诉讼法的规定，中国的行政强制执行有行政机关自己强制执行和申请法院强制执行两种，但法律明确规定了有些行政机关没有强制执行权。行政机关自己强制执行的一般程序包括：催告、当事人的陈述和申辩、作出强制执行决定。除一般程序外，还有金钱给付义务的执行、代履行等程序。对于申请法院强制执行的案件，必须要申请人自己向行政机关申请，经法院的形式审查和实质审查后，作出准予执行行政行为的裁定或者不予执行的裁定。当情况紧急或者为了公共利益保障公共安全时，行政机关可以申请法院立即执行。

（四）行政公开

政府信息公开是现代政府的一项基本义务，是公民知情权得以实现的前提和保障。政府信息公开的主体是全国和地方政府信息公开的主管部门。

政府公开的信息范围有三种：主动公开、依申请公开和不予公开。包括涉及公民、法人或者其他组织切身利益的、需要社会公众广泛知晓或者参与的、反映本行政机关机构设置、职能、办事程序等情况的以及其他依照法律、法规和国家有关规定应当主动公开的。当公民、法人或者其他组织对自己的生产、生活、科研等有特殊需要时，可以向国务院部门、地方各级政府及县级以上地方政府部门申请获得相关政府信息。而当信息涉及国家秘密时，绝对不予公开；对于涉及商业秘密、个人隐私的信息，经过权利人同意公开或者行政机关认为不公开可能对公共利益造成重大影响的，可以予以公开。

对于应主动公开的信息，由相应的部门在法定期限内予以公开。对依申请公开的信息，在申请时应当包括以下内容：申请人的姓名或者名称、联系方式；申请公开的政府信息的内容描述；申请公开的政府信息的形式要求。属于公开范围的，行政机关应当告知申请人获取该政府信息的方式和途径；属于不予公开范围的，应当告知申请人并说明理由；依法不属于本行政机关公开或者该政府信息不存在的，应当告知申请人，对能够确定该政府信息的公开机关的，应当告知申请人该行政机关的名称、联系方式；申请内容不明确的，应当告知申请人作出更改、补充。

【风险提示】

具体行政行为要合法有效，必须满足一定的条件：主体合格、法定程序、适用法律正确、无明显不当、没有滥用职权、没有超越职权。行政行为的合法性从这几方面判断即可。

【相关案例】

曹某某与江苏省如皋市规划局等房屋登记行政纠纷上诉案

2013 年 5 月 14 日，曹某某与如皋市永华置业有限公司（简称“永华公司”）签订商品房买卖合同，永华公司将已取得预售许可证的左邻右里小区中的一套房屋预售给曹某某，合同总金额为 262791.2 元。预售合同经房管部门登记备案。2013 年 6 月 17 日，永华公司向如皋市规划局提交网上备案合同撤销申请，撤销原因为“不想买了，申请撤销”，并有“声明：买卖双方一致承诺上述合同撤销原因真实有效。”该申请表上出卖人（盖章）处加盖有永华公司的公章，经手人（签章）处记载有孙某某的签名。买受人（盖章）处载有曹某某字样，但该签名非曹某某本人所签。如皋市规划局根据上述申请，在曹某某未到场的情况下，撤销了涉案预售合同的登记备案。

江苏省如东县人民法院认为，如皋市规划局在曹某某未到场，且未审核永华公司提交的申请中买受人曹某某的签名是否为其本人所签的情形下，即作出撤销登记备案行为，主要依据不足。因此，法院判决确认如皋市规划局所作撤销登记备案行为违法。

【法条指引】

中华人民共和国行政许可法（节录）

第七十二条 行政机关及其工作人员违反本法的规定，有下列情形之一的，由其上级行政机关或者监察机关责令改正；情节严重的，对直接负责的主管人员和其他直接责任人员依法给予行政处分：

（一）对符合法定条件的行政许可申请不予受理的；

（二）不在办公场所公示依法应当公示的材料的；

（三）在受理、审查、决定行政许可过程中，未向申请人、利害关系人履行法定告知义务的；

（四）申请人提交的申请材料不齐全、不符合法定形式，不一次告知申请人必须补正的全部内容的；

（五）违法披露申请人提交的商业秘密、未披露信息或者保密商务信息的；

（六）以转让技术作为取得行政许可的条件，或者在实施行政许可的过程中直接或者间接地要求转让技术的；

（七）未依法说明不受理行政许可申请或者不予行政许可的理由的；

（八）依法应当举行听证而不举行听证的。

第七十八条 行政许可申请人隐瞒有关情况或者提供虚假材料申请行政许可的，行政机关不予受理或者不予行政许可，并给予警告；行政许可申请属于直接关系公共安全、人身健康、生命财产安全事项的，申请人在一年内不得再次申请该行政许可。

第八十条 被许可人有下列行为之一的，行政机关应当依法给予行政处罚；构成犯罪的，依法追究刑事责任：

（一）涂改、倒卖、出租、出借行政许可证件，或者以其他形式非法转让行政许可的；

（二）超越行政许可范围进行活动的；

（三）向负责监督检查的行政机关隐瞒有关情况、提供虚假材料或者拒绝提供反映其活动情况的真实材料的；

（四）法律、法规、规章规定的其他违法行为。

第五节　行政救济的法律制度

【规则要点】

行政机关作出的具体行政行为侵犯当事人的合法权益时，当事人有权申请行政复议和诉讼。行政复议是在行政机关内部进行的纠错行为，行政诉讼则是通过司法机关对有关争议进行解决。但是两种争议解决方式适用的范围不同，在选择时要根据具体的案件情况选择救济方式。

【理解与适用】

对于执行机关作出的具体行政行为，若当事人认为其行为损害了自己的合法权益，可以通过行政复议和行政诉讼对自己的权利进行救济。

一、行政复议

当当事人认为行政主体的行政行为侵犯其合法权益时，可以依法向行政复议机关提出复查该行政行为的申请，行政复议机关按照法定程序对该行政行为的合法性和合理性进行审查，并附带对行政行为依据的规范性文件进行审查，作出裁决。对于行政复议的受案范围，中国采取了概括和列举相结合的混合方式加以规定。

行政复议的主体包括申请人、被申请人、第三人、代表人及代理人等。申请人有行政相对人和行政相关人两类。被申请人则是作出行政行为的行政机关。第三人是认为自己与被申请行政复议的行政行为存在着利害关系进而参加到行政复议中来的主体。当同一行政复议案件的申请人超过5人时，可以推举1人—5人作为代表参加行政复议。在行政复议中，只有申请人和第三人可以委托1名—2名代理人进行行政复议。

根据行政复议法的规定，复议机关针对不同的情形，可以作出如下几种复议决定：维持决定；责令履行决定；撤销、变更、确认违法和责令重新作出行政行为的决定；驳回复议申请决定；附带赔偿决定。当该复议决定是在法定期限内作出并且依法送达的情况下，该行政复议决定生效。

二、行政诉讼

对于行政诉讼的受案范围，我国行政诉讼法第 2 条规定："公民、法人或者其他组织认为行政机关和行政机关工作人员的行政行为侵犯其合法权益，有权依照本法向人民法院提起诉讼。前款所称行政行为，包括法律、法规、规章授权的组织作出的行政行为。"

行政诉讼程序包括一审程序、二审程序和审判监督程序几种。一审程序是最完整、应用最广泛的程序。在一审程序中，首先要组成合议庭，其后交换起诉状，经过传唤与通知使当事人到场参加庭审，最后进行宣判。

根据判决内容，可以将行政诉讼判决分为：驳回诉讼请求判决、撤销判决、履行判决、给付判决、确认违法或无效判决、变更判决六种。

【风险提示】

行政复议与行政诉讼的关系为：（1）自由选择，当事人同时复议和诉讼的，先立案的管辖；同时立案的，由当事人任选其一。（2）复议前置，认为确权性具体行政行为侵犯了已经取得的自然资源的所有权或使用权；有关纳税争议的行政征收须经过行政复议后方能提起行政诉讼。（3）选择但终局，被申请人是省级政府或国务院部门，复议适用"自我管辖"，复议后对复议决定不服可选择诉讼或申请国务院终局裁决。（4）复议终局，自然资源复议终局；出入境管理复议终局。

【相关案例】

倪某某不服宿迁市国土资源局行政复议决定案

2005 年 7 月 10 日，沭阳县湖东镇村镇建设服务站收取了倪某某配套费和建房费 1800 元，并出具了加盖"沭阳县湖东镇村镇建设服务站"印章的收据。2005 年 11 月 25 日，该服务站又收取倪某某用地管理费 200 元，并出具加盖"沭阳县国土资源局湖东国土资源所"印章的收据。沭阳县政府于 2007 年 1 月 8 日授权沭阳县国土资源局，对倪某某持有的土地使用证进行调查。该局于 2007 年 2 月 1 日，作出沭国土资发〔2007〕03 号

《关于注销倪某某土地使用证的决定》。倪某某不服，于2007年5月向宿迁市国土资源局申请行政复议。宿迁市国土资源局进行了调查取证，因案情复杂，于2007年7月28日下发通知，决定将复议期限延长至2007年8月28日。2007年8月21日，该局作出宿国土资行复决字〔2007〕4号行政复议决定书。

宿迁市宿城区人民法院认为：沭阳县国土资源局对本案土地进行管理有法定职权，该局复议决定认定原告倪某某采取非法手段获取土地使用证的事实清楚，证据充分，程序合法，倪某某要求撤销行政复议决定的理由不充分。倪某某不服进行了上诉。宿迁市中级法院认为：复议主体有资格、复议程序合法，原行政行为明显不当，一审法院适用法律错误，故撤销了一审行政判决。

【法条指引】

中华人民共和国行政复议法（节录）

第六条 有下列情形之一的，公民、法人或者其他组织可以依照本法申请行政复议：

（一）对行政机关作出的警告、罚款、没收违法所得、没收非法财物、责令停产停业、暂扣或者吊销许可证、暂扣或者吊销执照、行政拘留等行政处罚决定不服的；

（二）对行政机关作出的限制人身自由或者查封、扣押、冻结财产等行政强制措施决定不服的；

（三）对行政机关作出的有关许可证、执照、资质证、资格证等证书变更、中止、撤销的决定不服的；

（四）对行政机关作出的关于确认土地、矿藏、水流、森林、山岭、草原、荒地、滩涂、海域等自然资源的所有权或者使用权的决定不服的；

（五）认为行政机关侵犯合法的经营自主权的；

（六）认为行政机关变更或者废止农业承包合同，侵犯其合法权益的；

（七）认为行政机关违法集资、征收财物、摊派费用或者违法要求履行其他义务的；

（八）认为符合法定条件，申请行政机关颁发许可证、执照、资质证、资格证等证书，或者申请行政机关审批、登记有关事项，行政机关没有依法办理的；

（九）申请行政机关履行保护人身权利、财产权利、受教育权利的法定职责，行政机关没有依法履行的；

（十）申请行政机关依法发放抚恤金、社会保险金或者最低生活保障费，行政机关没有依法发放的；

（十一）认为行政机关的其他具体行政行为侵犯其合法权益的。

中华人民共和国行政诉讼法（节录）

第十三条 人民法院不受理公民、法人或者其他组织对下列事项提起的诉讼：

（一）国防、外交等国家行为；

（二）行政法规、规章或者行政机关制定、发布的具有普遍约束力的决定、命令；

（三）行政机关对行政机关工作人员的奖惩、任免等决定；

（四）法律规定由行政机关最终裁决的行政行为。

第四章

民商事法律制度

第一节　民商事法律制度的体系

【规则要点】

民商事法律体系的构建与采取民商分立还是民商合一的立法模式关系很大。中国采取民商合一的立法模式。

【理解与适用】

中国对于民商事的立法采用的是民商合一的模式，即以民法总则为核心，以民事、商事单行法以及相关的司法解释构成的体系。其中，民法领域除民法总则外，还有物权法、合同法、知识产权法、婚姻法、家庭法、继承法等；商事领域则有公司法、合伙企业法、个人独资企业法、外商投资法等法律规范。

需要指出的是，2014 年 10 月 23 日，中国共产党第十八届四中全会通过的《中共中央关于全面推进依法治国若干重大问题的决定》作出了“编纂民法典”的决定。按照党中央同意的民法典编纂工作“两步走”的思路，即先制定民法总则编、再编纂民法典各分编，力争在 2020 年全部完成民法典编纂工作。

第二节 民商事法律制度的基本原则

【规则要点】

虽然中国采取民商合一的立法模式，但民事法律制度与商事法律制度之间仍然存在着各自的特点，民事法律制度更注重民事行为主体的平等性、民事法律行为的自由性；而商事法律制度更加注重效率，故两种法律制度的基本原则存在一定的区别。

【理解与适用】

一、民事法律制度基本原则

中国民法总则确定了民法的基本原则有：平等原则、自愿原则、私法自治原则、公平原则、诚实信用原则、公序良俗原则等。该几项原则中，私法自治原则是核心，基于私法自治原则，法律制度赋予并保障每个民事主体具有在一定的范围内，通过民事行为，特别是合同行为来调整相互关系的可能性，其核心内涵是确认并保障民事主体的自由。私法自治原则之所以成为民法基本原则中核心的原则是因为民法是市民社会的基本法。

二、商事法律制度基本原则

商事法律制度的基本原则主要有：促进交易自由原则，在商法中交易自由主要反映在合同自由、企业自治和市场自律。维护交易公平原则，当事人的法律地位一律平等，当事人应该按照诚实信用原则从事交易活动。提高交易效率原则，法律通过交易定型化和时效短期化交易程序，弱化交易方式。确保交易安全原则，商法通过规定强制性规范、公告周知义务、告知或者通知义务等确保交易安全。

【风险提示】

虽然民事和商事法律制度的基本原则存在一定的差异，但当商事法律基本原则不能解释时，依然可以使用民事法律制度的基本原则，如诚实信用原则。

【相关案例】

祝某某诉陈某某赠与合同纠纷案

原告祝某某与被告陈某某于2017年2月相识，后常外出吃饭聊天，一同外出舟山游玩。同年7月，被告提出欲购奔驰轿车一辆，7月12日，双方到浙江慈吉之星汽车有限公司位于本市杨梅大道慈吉之星的4S店选车，原告通过支付宝等途径为购车支出的费用合计151776.74元。所购轿车型号为梅赛德斯奔驰，价税合计250000元，其中按揭贷款135000元，登记牌照为浙B×××××，登记所有人为被告陈某某。同年9月，原告因故与被告终止交往，并要求被告返还购车款或者将轿车过户给原告，遭被告拒绝，故提起本案诉讼。

慈溪市人民法院认为，上述出资行为虽符合赠与特征，但显然有别于合同法规定的一般平等民事主体之间订立的赠与合同。民事活动应当遵循自愿原则，按照自己的意思设立、变更、终止民事法律关系，同时，民事活动亦应当遵循公平原则、诚信原则，且行为应当符合善良风俗习惯，虽然法律并不禁止基于恋爱原因的给付、赠与，但由于涉案出资款项数额较大，所购车辆价值较高，且该赠与行为系原告基于结婚为目的，其赠与行为可视为一种附解除条件的赠与行为，当双方无法缔结婚姻关系时，赠与财物的一方当事人的赠与目的则无法实现，因此，赠与一方当事人有权要求受赠方予以返还，这也符合民事活动中的公平原则。故对原告主张被告返还购车过程中支出的款项151776.74元的诉讼请求，法院依法予以支持。

【法条指引】

中华人民共和国民法总则（节录）

第三条　民事主体的人身权利、财产权利以及其他合法权益受法律保护，任何组织或者个人不得侵犯。

第四条 民事主体在民事活动中的法律地位一律平等。

第五条 民事主体从事民事活动，应当遵循自愿原则，按照自己的意思设立、变更、终止民事法律关系。

第六条 民事主体从事民事活动，应当遵循公平原则，合理确定各方的权利和义务。

第七条 民事主体从事民事活动，应当遵循诚信原则，秉持诚实，恪守承诺。

第八条 民事主体从事民事活动，不得违反法律，不得违背公序良俗。

第九条 民事主体从事民事活动，应当有利于节约资源、保护生态环境。

中华人民共和国公司法（节录）

第五条 公司从事经营活动，必须遵守法律、行政法规，遵守社会公德、商业道德，诚实守信，接受政府和社会公众的监督，承担社会责任。

公司的合法权益受法律保护，不受侵犯。

第三节 民商事主体制度

【规则要点】

民事上主体是民商事法律关系的主体要件，根据主体有无人格性，可以将民商事主体分为自然人、法人和非法人组织。但要想成为法律意义上的主体，必须具备法律规定的相应要件。

【理解与适用】

民商事主体，即民商事法律关系的主体，依中国法律，包括公民、法人及其他组织，以及个别情形下的国家（如国家成为无主财产的所有人）。

一、自然人制度

自然人进行民事法律行为需要具备民事权利能力和民事行为能力，我国民法总则第 13 条规定："自然人从出生时起到死亡时止，具有民事权利能力，依法享有民事权利，承担民事义务。"即中国自然人的民事权利能力开始时间为出生之时，终止时间为死亡之时。同时，在此规定中，还涉及自然人的宣告死亡制度，即经利害关系人申请，由法院依照法律规定的条件和程序，判决宣告下落不明满法定期限的公民死亡。宣告死亡和自然死亡具有相同的法律效果，但是，被宣告死亡的人重新出现或者确知他没有死亡，经本人或者利害关系人申请，人民法院应当撤销对他的死亡宣告，有民事行为能力人在被宣告死亡期间实施的民事法律行为有效。

关于自然人的民事行为能力，中国将民事行为能力分为完全民事行为能力、限制民事行为能力和无民事行为能力。

年满 18 周岁、精神状况正常的自然人具有完全民事行为能力。

限制民事行为能力人有两大类：一是 8 周岁以上的未成年人是限制民事行为能力人，他们可以进行与他的年龄、智力相适应的民事活动；其他民事活动由他的法定代理人代理，或者征得他的法定代理人的同意。二是不能完全辨认自己行为的精神病人是限制民事行为能力人，他们可以进行与他的精神健康状况相适应的民事活动；其他民事活动由他的法定代理人代理，或者征得他的法定代理人的同意。

无民事行为能力人主要有两类：一是不满 8 岁的未成年人是无民事行为能力人，二是不能辨认自己行为的精神病人是无民事行为能力人。无民事行为能力人由他的法定代理人代理民事活动。

因无民事行为能力人和限制民事行为能力人欠缺一定的行为能力，故我国民法总则为其规定了法定监护、指定监护和协议监护等几种监护来保障其合法权益。

此外，我国民法总则还规定了自然人的宣告失踪制度"自然人下落不明满二年的，利害关系人可以向人民法院申请宣告该自然人为失踪人。""战争期间下落不明的，下落不明的时间自战争结束之日或者有关机关确定的下落不明之日起计算。"宣告失踪的法律效果使法院为其指定财产代管人，即由他的配偶、父母、成年子女或者关系密切的其他亲属、朋友代管。代管有争议的，没有以上规定的人或者以上规定的人无能力代管的，由人民法院指定的人代管。失踪人所欠税款、债务和应付的其他费用，由代管人从失踪人的财产中支付。

二、法人制度

法人是具有民事权利能力和民事行为能力，依法独立享有民事权利和承担民事义务的组织。法人根据学理和民法总则的规定，可以进行不同的分类。在中国，对不同的法人，设立的原则也不同。例如机关、事业单位法人是依据宪法和法律规定设立的，其采取的是特许设立主义；而有限责任公司则是准则主义。在中国，法人必须依法设立，而且通常情况下，法人的设立都须经过登记。

（一）法人的设立

法人的设立是指依照法律规定的条件和程序使社会组织获得法律上人格的整个过程，即创设法人的一系列行为的总称。作为民事主体，并非任何组织都可以成为法人，只有那些符合法律规定条件的社会组织才可以取得法人资格。

依照民法总则的规定，法人的成立必须具备以下条件。

1. 依法成立

依法成立就是依照法律规定而成立。法人是法律赋予其民事主体地位的团体，其成立必须符合法律的规定。所谓依法成立，一是指法人的目的、成立宗旨、组织机构、经营范围、方式等合法，不得违反宪法和其他法律的规定；二是指其成立的审核和登记程序要合法。需要有关部门批准的必须依法取得批准后才能成立。

2. 有必要的财产或经费

必要的财产或经费是法人独立进行民事活动，承担民事义务的物质保障。所谓“必要的财产或经费”是指与法人开展的各项业务相适应的一定数量的财产或经费。

3. 有自己的名称、组织机构和场所

法人的名称是一法人区别于另一法人的标志，在社会交往中，法人以自己的名称进行活动。法人对已经注册登记的名称享有专用权。企业法人的名称与其信誉紧密相连，具有良好信誉的企业名称是其无形资产，所以企业的名称权应当受到保护。《中华人民共和国企业法人登记管理条例》第10条第1款规定："企业法人只准使用一个名称。企业法人申请登记注册的名称由登记主管机关核定，经核准登记注册后在规定的范围内享有专用权。"法人的名称也是与其经营范围、业务性质相联系的。法人的组织机构是对内管理法人事务、对外代表法人从事民事活动的机构。法人的组织机构包括权力机构（股东大会、社员大会）、执行机构（法定代表人、董事会）、监督机构等，统称为法人的机关。法人的意志是通过其机关而形成、表示和实现的，因此，法人机关的行为，就是法人的行为，法人对其机关的行为后果负责。监督机关是对法人的执行机关的行为进行监督的机关，不是一切法人都设置监督机关的，它是依据章程、命令或特别法的规定才设置的。在法人机关中，最主要的是其法定代表人。

4. 能独立承担民事责任

能独立承担民事责任是民法总则对法人成立规定的条件。法人是有独立人格的民事主体，对自己的行为应当承担法律责任。法人的财产与其成员的财产在法律上是分开的，所以，法人能够独立承担民事责任，即法人的创立人和法人内部成员对法人的民事责任不予负担；其他法人也不予负担。通常情况下，民事责任是财产责任，所谓独立民事责任实质是指财产责任。能独立承担民事责任，在很大程度上，取决于法人的必要财产或经费。法人的民事责任能力与独立的财产是联系在一起的。

（二）法人的变更

企业法人的变更，是指法人组织、名称、住所、经营范围等重要事项发生的变化。法人的分立与合并统称法人组织机构的变更。我国民法总则规定："企业法人分立、合并或者其他重要事项变更，应当向登记机关办理登记并公告。"

1. 法人的分立

法人的分立是一个法人分裂为两个以上法人的法律行为。法人的分立分为创设式分立和存续式分立。创设式分立也称新设式分立，指解散原法人，分立为两个以上新法人的分立方式。存续式分立也称派生式分立，指原法人存续，分出部分财产设立一个以上新法人的分立方式。因创设式分立而消灭的法人的权利和义务，由分立后的新法人概括承受；因存续式分立的法人的权利和义务关系，应依据分立合同的约定或章程的规定承担。

2. 法人的合并

法人的合并是指两个以上的法人，无须清算而归并为一个法人的法律行为。合并分为创设式和吸收式。创设式合并是两个以上的法人归并为一个新法人，原有的法人均告消灭的合并方式。吸收式合并是指一个法人或多个法人归并于其他法人，被归并的法人人格消灭，该其他法人仍然存续的合并方式。因法人合并而消灭的法人的权利和义务概括地由新设立或存续的法人承受。

3. 法人的组织性质变更

法人成立后，其组织形式、性质可能会因各种各样的情况而发生变化，如由集体企业变成私营企业、由有限公司变成无限公司等。这种变更，凡依法须经登记者，必须办理登记手续。

4. 其他事项的变更

如名称、注册资金、住所、活动宗旨、经营方式、经营范围等方面的重大变更等。

（三）法人的终止

法人的终止，其意义如同自然人的死亡，法人终止后即不再具有民事主体资格。但作为组织体，法人的终止与自然人的死亡毕竟不同，法人的终止须经一定的法律程序才会发生。

法人终止的原因有依法被撤销、解散、依法宣告破产或其他原因。法人终止后须进行清算。清算是指对终止的法人的业务和财产进行清理，并依照法定程序对其债务进行清偿，使法人在法律上消灭的程序。法人终止必须进行清算，并停止清算以外的活动。清算由清算组织进行。在中国，企业法人解散时，其清算组织由主管机关或人民法院组织有关机关和有关人员组成。清算组织的职权是对内清理财产，处理法人的有关事务，对外代表法人了结债权债务，在法院起诉和应诉。如果经过清算，法人的财产不足以清偿债务，清算组织应申请宣告破产。清算终止后，法人归于消灭。

三、非法人组织

非法人组织是不具有法人资格，但是能够依法以自己的名义从事民事活动的组织。非法人组织包括个人独资企业、合伙企业、不具有法人资格的专业服务机构等。

（一）个人合伙

个人合伙是指两个以上公民按约各自提供资金、实物、技术等，合伙经营、共同劳动的行为或组织形式。

中国的个人合伙具有以下几个特征。

第一，主体是两个以上自然人。

第二，以合伙协议为基础。合伙人的意思表示一致形成的书面合伙协议是合伙存在的基础。

第三，由合伙人共同投资而成立。

第四，财产属于合伙人共有。合伙人对共同投资的财产和在合伙经营中积累的财产共同享有所有权。

第五，由合伙人共同经营管理。

合伙的经营活动，包括经营计划、经营项目、经营收益分配等。一般都必须由全体合伙人共同协商决定，但也不排除按照多数合伙人或多数份额原则来体现合伙的共同意志。合伙的经营决策作出后，其执行方式可以有两种：由全体合伙人共同执行；由全体合伙人经过充分协商，从合伙人中推举一人或者数人具体负责执行，而其他合伙人则有权对执行人的经营活动进行监督和控制。合伙的负责人，是由全体合伙人推举产生的对外代表全体合伙人的利益、对内组织经营管理的合伙人，合伙负责人执行合伙的经营决策所产生的经营亏损、意外损失和所欠债务等民事义务和责任，均由全体合伙人承担。但是如果能够证明这些义务和责任是由合伙负责人超越合伙的经营决策所引起的，由合伙负责人个人承担此种责任。

合伙的债务承担为：在对内关系上，合伙的债务，由合伙人按照出资比例或者协议的约定，以各自的财产承担无限清偿责任。在对外关系上，对于合伙债务，各合伙人应承担无限连带清偿责任。每个合伙人都负有用自己的全部财产清偿全部合伙债务的义务，而不受各合伙人对合伙财产的出资比例或合伙协议中约定的债务承担份额的限制。偿还合伙债务超过自己应当承担数额的合伙人，有权向其他合伙追偿。

（二）合伙企业

合伙企业，是指民事主体依法设立的由各合伙人订立合伙协议，共同出资、合伙经营、共享收益、共担风险的营利性组织。根据合伙企业法的规定，合伙人可以是自然人，也可以是法人和其他组织。

在中国，合伙企业分为普通合伙企业和有限合伙企业。普通合伙企业又可以分为一般的普通合伙企业与特殊的普通合伙企业。普通合伙企业由普通合伙人组成，合伙人对合伙企业债务承担无限连带责任。其中，以专业知识和专门技能为客户提供有偿服务的专业服务机构，可以设立为特殊的普通合伙企业。在此种企业中，一个合伙人或者数个合伙人在执业活动中因故意或者重大过失造成合伙企业债务的，应当承担无限责任或者无限连带责任，其他合伙人以其在合伙企业中的财产份额为限承担责任。

有限合伙企业由普通合伙人和有限合伙人组成，普通合伙人对合伙企业债务承担无限连带责任，有限合伙人以其认缴的出资额为限对合伙企业债务承担责任。

普通合伙企业的设立条件包括以下几个方面。

（1）有两个以上合伙人。合伙人为自然人的，应当具有完全民事行为能力。

（2）有书面合伙协议。

（3）有合伙人认缴或者实际缴付的出资。合伙人可以用货币、实物、知识产权、土地使用权或者其他财产权利出资，也可以用劳务出资。

（4）有合伙企业的名称和生产经营场所。

（5）法律、行政法规规定的其他条件。

有限合伙企业的设立条件除上述条件外，还包括：除法律另有规定外，合伙人为 2 个以上 50 个以下，且至少应当有一个普通合伙人；国有独资公司、国有企业、上市公司以及公益性的事业单位、社会团体不得成为普通合伙人；有限合伙人不得以劳务出资。有限合伙企业名称中应当标明“有限合伙”字样。

普通合伙企业的合伙人对执行合伙事务享有同等的权利。按照合伙协议的约定或者经全体合伙人决定，可以委托一个或者数个合伙人对外代表合伙企业，执行合伙事务。合伙企业对合伙人执行合伙事务以及对外代表合伙企业权利的限制，不得对抗善意第三人。合伙人对合伙企业有关事项作出决议，按照合伙协议约定的表决办法办理。合伙协议未约定或者约定不明确的，实行合伙人一人一票并经全体合伙人过半数通过的表决办法。但除合伙协议另有约定外，合伙企业的下列事项应当经全体合伙人一致同意：(1) 改变合伙企业的名称。(2) 改变合伙企业的经营范围、主要经营场所的地点。(3) 处分合伙企业的不动产。(4) 转让或者处分合伙企业的知识产权和其他财产权利。(5) 以合伙企业名义为他人提供担保。(6) 聘任合伙人以外的人担任合伙企业的经营管理人员。

有限合伙企业由普通合伙人执行合伙事务。有限合伙人不执行合伙事务，不得对外代表有限合伙企业。但第三人有理由相信有限合伙人为普通合伙人并与其交易的，该有限合伙人对该笔交易承担与普通合伙人同样的责任。

对于合伙债务，普通合伙人承担无限连带责任。有限合伙人以其在合伙企业中的出资份额为限，承担责任。所谓无限连带责任是指每个普通合伙人都负有用自己的全部财产清偿全部合伙债务的义务，而不受各合伙人对合伙财产的出资比例或合伙协议中约定的债务份额的限制。在内部关系上，偿还合伙债务超过自己应当承担数额的合伙人，有权向其他合伙人追偿。

(三) 个人独资企业

个人独资企业是指依照《中华人民共和国个人独资企业法》在中国境内设立的由一个自然人投资，财产为投资人个人所有，投资人以其个人财产对企业债务承担无限责任的经营实体。

个人独资企业的设立需要的条件为：投资人为一个自然人、有合法的企业名称、有投资人申报的出资、有固定的生产经营场所和必要的生产经营条件、有必要的从业人员。

当出现法定事由时，个人独资企业应当解散，解散时也需要进行清算。清算期间，个人独资企业不得开展与清算目的无关的经营活动，当该企业的财产不足以清偿债务的，投资人应当以其个人的财产予以清偿。清算结束后，投资人或者人民法院指定的清算人应编制清算报告，并且必须于15日内到登记机关办理注销登记。

【风险提示】

满足法律规定的要件是成为民事法律关系主体的前提。无论哪一类民事主体都应按照法律规定实施法律行为，否则都要承担相应的法律责任。

【相关案例】

绵阳众益达汽车销售服务有限公司等与何某某买卖合同纠纷

原告何某某采用中国工商银行信用卡分期（36 期）付款 1190000 元的方式，从被告绵阳众益达汽车销售服务有限公司（简称“众益达公司”）处购买奥迪 Q7 越野车一台。购车过程中，原告何某某向被告众益达公司交纳了保证金 23800 元，被告众益达也出具收款收据确认收到原告何某某所交纳保证金，并在收据上载明“贷款结清后凭此据退款”。2013 年 12 月 24 日，原告何某某向被告众益达公司出具承诺书，声明：（1）承诺在被告众益达公司指定保险公司购买指定险种，并按期续保，未还清贷款前不得脱保，否则被告众益达公司有权不予退还保证金；（2）承诺于每月 20 日前还款，如逾期累计超过三次，被告众益达公司有权在结清贷款后不予退还保证金。2016 年 11 月 10 日，原告何某某提前结清了分期余额及手续费。随后，原告何某某要求被告众益达公司退还保证金无果。另查明：（1）原告何某某个人信用报告显示，其在本次信用卡分期付款购车过程中无逾期还款记录；（2）被告众益达公司现处于营业执照被吊销、未注销状态；（3）被告谭某某、刘某某、钱某某系被告众益达公司的股东。

一审法院认为，被告众益达公司是依法独立享有民事权利和承担民事义务的企业法人，虽其现处于营业执照被吊销、未注销状态，但吊销营业执照的行政处罚行为，仅具有终止其经营活动权利的效力，而不具备终止其民事主体资格的效力，依照《中华人民共和国民法总则》第 60 条“法人以其全部财产独立承担民事责任”的规定，被告众益达公司在经营活动中产生的民事责任应由其独立承担，故本院对原告何某某于本案中向被告谭某某、刘某某、钱某某提出给付请求不予支持。二审法院维持原判。

【法条指引】

中华人民共和国民法总则（节录）

第十七条 十八周岁以上的自然人为成年人。不满十八周岁的自然人为未成年人。

第十八条 成年人为完全民事行为能力人，可以独立实施民事法律行为。

十六周岁以上的未成年人，以自己的劳动收入为主要生活来源的，视为完全民事行为能力人。

第十九条 八周岁以上的未成年人为限制民事行为能力人，实施民事法律行为由其法定代理人代理或者经其法定代理人同意、追认，但是可以独立实施纯获利益的民事法律行为或者与其年龄、智力相适应的民事法律行为。

第二十条 不满八周岁的未成年人为无民事行为能力人，由其法定代理人代理实施民事法律行为。

第五十九条 法人的民事权利能力和民事行为能力，从法人成立时产生，到法人终止时消灭。

第六十条 法人以其全部财产独立承担民事责任。

第一百零二条 非法人组织是不具有法人资格，但是能够依法以自己的名义从事民事活动的组织。

非法人组织包括个人独资企业、合伙企业、不具有法人资格的专业服务机构等。

第四节　民商事权利制度

【规则要点】

民商事法律关系中的核心是民商事权利。民事权利包括人身权、财产权两部分，其中人身权又包括人格权和身份权；财产权包括物权、债权、知识产权。本书主要针对财产权进行介绍。

【理解与适用】

中国民事权利制度主要包括物权、债权、知识产权等制度。

一、物权制度

（一）物权制度的基本原则

1. 平等保护原则

平等保护原则是指在物权受到侵害时，司法机关对各权利主体一起保护。物权法第4条明确规定的基本原则，是民法中平等原则的具体化表现，其基本内容是“国家、集体、私人的物权和其他权利人的物权受法律保护，任何单位和个人不得侵犯。”

2. 物权法定原则

物权法定原则是指物权的类型以及各类型的内容和物权的变动方式由法律规定，而不允许当事人自行创设的原则。

物权法定原则的内容：

第一，物权的种类不得创设，即当事人不得创设法律所不认可的新类型的物权。此谓“类型强制”。

第二，物权的内容不得创设，即当事人不得创设与物权的法定内容相悖的物权内容。此谓“类型固定”。

3. 公示、公信原则

所谓公示，是指以一定的方式使公众知悉物权变动的事实。

物权存在的公示，为物权的静态公示。“占有”是动产物权存在的公示方式，国家不动产物权登记簿上所作的“登记”记载是不动产物权存在的公示方式。

物权变动的公示，为物权的动态公示。“交付”是动产物权变动的公示方式，变更“登记”是不动产物权变动的公示方式。

所谓公信，又叫公信力，是指物权变动符合法定公示方式的就具有可信赖性的法律效力。依公信原则，物权的存在与变动公示的，即发生权利存在与变动的效力，即使公示有瑕疵，善意受让人也不负返还义务。

公示、公信原则是针对物权变动而设立的，在物权法中具有重要地位。

（二）物权的种类及其内容

1. 所有权

物权法第39条规定：“所有权人对自己的不动产或者动产，依法享有占有、使用、收益和处分的权利。”所有权的权能包括：占有权能，是对所有物加以实际管领或控制的权利；使用权能，是在不损毁所有物或改变其性质的前提下，依照物的性能和用途加以利用的权利，使用权能也可以转移给非所有人行使，并且使用权能仅适用于非消耗物；收益权能，是收取所有物所生利益（孳息）的权利；处分权能，是对所有物依法予以处置的权利。处分包括事实上的处分和法律上的处分。处分权能是所有权内容的核心和拥有所有权的根本标志，其通常只能由所有人自己行使。

所有权的限制：民法和其他一些相关法律、法规对所有权进行的限制主要表现为以下几点。

（1）行使所有权不得违反法律规定。

（2）行使所有权不得妨害他人的合法权益。

（3）行使所有权时必须注意保护环境、自然资源和生态平衡。

（4）根据公共利益的需要，国家可以依法对集体土地实行征用，或将其他财产收归国有。

2. 用益物权

用益物权，是物权的一种，是指非所有人对他人之物所享有的占有、使用、收益的排他性的权利。根据中国物权法的规定，用益物权包括：土地承包经营权、建设用地使用权、宅基地使用权。

（1）土地承包经营权

承包人享有以下权利。

第一，对承包地进行使用并获取相应的收益，自主组织生产经营和处置产品。

第二，通过家庭承包取得的承包经营权，承包人有权将土地承包经营权采取转包、互换、转让等方式流转；通过招标、拍卖、公开协商等方式承包荒地等农村土地，依照有关规定，其土地承包经营权可以转让、入股、抵押或者以其他方式流转。土地承包经营权人将土地承包经营权互换、转让，当事人要求登记的，应当向县级以上地方人民政府申请土地承包经营权变更登记；未经登记，不得对抗善意第三人。

第三，承包地被依法征用、占用的，承包人有权获得相应的补偿。

在享受权利的同时，承包人必须依照法律规定和合同约定履行义务，维持土地的农业用途，未经依法批准，不得将承包地用于非农建设；依法保护和合理利用土地，不得进行掠夺性经营，不得给土地造成永久性损害；在生产过程中要保护环境；接受发包人的必要指导和管理。

（2）建设用地使用权

建设用地使用权人依法享有以下权利。

第一，占有权。

权利人对依法取得使用权的土地享有直接支配和控制的权利。这是土地使用权的前提。

第二，使用权。

权利人可以对土地加以开发、经营和利用，这是建设用地使用权人的一项最主要权利。

第三，收益权。

权利人可以直接利用土地以获得收益。如果是国有土地，权利人还可以将建设用地使用权合法转让、出租或抵押以获得收益。除有相反证据证明的以外，建设用地使用权人建造的建筑物、构筑物及其附属设施的所有权属于建设用地使用权人。

第四，处分权。

此处所说的处分不是指对土地本身的处分，而是指对建设用地使用权的处分，如转让、互换、出资、赠与或抵押建设用地使用权。

建设用地使用权期间届满的，如果是住宅建设用地，自动续期；如果是非住宅，其续期依照法律规定办理。该土地上的房屋及其他不动产的归属，有约定的，按照约定；没有约定或者约定不明确的，依照法律、行政法规的规定办理。

在享有上述权利的同时，建设用地使用权人承担以下义务。

第一，对土地的开发、利用、经营应当遵守法律法规，合理有效地利用土地，不得随意改变土地的用途，更不得违法使用土地，不得损害社会公共利益。

第二，缴纳土地使用税。无论是无偿还是有偿取得土地使用权的主体，都应当按期缴纳土地使用税。有偿取得土地使用权者，还需支付土地出让金或转让金。

第三，变动国有土地使用权必须履行法定的登记手续。

第四，权利消灭时，应当将土地返还给所有人，并且原则上应当恢复土地的原状。

（3）宅基地使用权

宅基地使用权的内容包括：

第一，占有宅基地。

第二，使用宅基地建造房屋和附属设施并因此取得房屋及其附属设施的所有权。

第三，取得因行使宅基地使用权而获得的收益。

需要强调的是，根据现行法律的规定，宅基地使用权不得抵押，不得单独转让，必须与合法建造的住房一并转让。但权利人出卖住房后，再申请宅基地的，不予批准。

3. 担保物权

物权法及担保法规定，担保物权分为抵押权、质权与留置权。根据产生依据的不同，担保物权可以分为法定担保物权与约定担保物权；根据担保物种类的不同，担保物权可以分为动产担保物权、不动产担保物权和权利担保物权。

(1) 抵押权

抵押权，是债权人对债务人或者第三人不转移占有的担保财产，在债务人届期不履行债务或者发生当事人约定的实现抵押权的情形时，依法享有的就该抵押财产的变价处分权和优先受偿权的总称。

抵押权的设立，除订立书面的抵押合同外，还应依法办理抵押登记。中国现行法律对抵押登记分别实行登记设立主义与登记对抗主义。以不动产、不动产权利以及正在建造的建筑物抵押的，应当办理抵押登记，抵押权自登记时设立。以动产抵押的，采取自愿原则，由当事人自行选择是否办理登记。抵押权自抵押合同生效时设立。未经登记，不得对抗善意第三人。

(2) 质权

质权是担保的一种方式，指债权人与债务人或债务人提供的第三人以协商订立书面合同的方式，移转债务人或者债务人提供的第三人的动产或权利的占有，在债务人不履行债务时，债权人有权以该财产价款优先受偿。

质权分为动产质权和权利质权两种。质权的特征为：质权是一种约定担保物权；质权的客体是债务人或第三人提供的动产或者权利；质权是转移占有的担保物权，质押期间，质押财产转由质权人占有。

(3) 留置权

留置权，是指债权人因合同关系占有债务人的财物，在由此产生的债权未得到清偿以前留置该项财物并在超过一定期限仍未得到清偿时依法变卖留置财物，从价款中优先受偿的权利。

留置权的成立应当具备以下几个要件：

第一，债权人已合法占有属于债务人所有的动产；

第二，债权人对该动产的占有与其债权的发生出自同一个法律关系，但企业之间留置的除外；

第三，债务已届清偿期而债务人未履行债务；

第四，符合法律规定和当事人的约定并且不违背公序良俗。法律规定或者当事人约定不得留置的动产，不得留置。

二、债权制度

（一）债的发生根据

根据中国法律的规定，债的发生依据主要有：合同、侵权行为、不当得利、无因管理、单方允诺、悬赏广告、缔约过失、遗赠等都可以成为债的发生根据。

（二）债的变更

债的变更是指债因一定的法律事实而改变其主体、内容或客体。债的变更只能发生在债成立后、尚未履行或者尚未完全履行之前。

债的内容变更：变更之后，债的关系仍然有效。如系合同内容变更，须经当事人协商一致，法律、行政法规规定应当办理批准、登记等手续的，依照其规定。合同变更后，当事人应当按照变更后的合同履行，但合同变更对已按原合同所作的履行没有追及力，同时，合同的变更也不影响当事人要求赔偿损失的权利。

债的主体变更：包括债权移转、债务移转和债权债务的概括移转。债权移转，是指在不改变债的内容的前提下，债权人将其债权全部或部分移转给第三人。债权转让可以依据法律规定，如保险中的代位追偿权就使支付了保险金的保险人享有了原属于被保险人的债权；也可以依据民事法律行为，如遗赠和合同。债务移转，是指在不改变债的内容的前提下而发生的债务人的变更。债务移转，可以依据法律规定，也可以依据当事人之间的民事法律行为，较为常见的方式是通过当事人之间的债务移转协议。债务移转以移转后原债务人是否免责为标准，可以分为免责的债务承担和并存的债务承担。债权债务的概括转移：债权债务的概括转移简称债的概括承受，是指债的一方主体将其债权债务一并移转给第三人，使该第三人代替出让人的地位，成为债的新的当事人的事实。债的概括承受的发生原因包括意定承受和法定承受。

（三）债的消灭

债的消灭又称为“债的终止”，是指债在客观上不再存在，债权债务关系归于消灭。

1. 履行

履行又称清偿，即债务人依法律规定或合同约定完成义务的行为。履行是债消灭的常见原因。

2. 解除

解除是指因当事人一方行使解除权，或者经双方协议使债的关系归于消灭的行为。在中国，解除的对象限于合同。

3. 抵销

抵销是指互负债务的双方当事人将两项债务相互充抵，以使双方债务在等额内消灭的行为。抵销依其产生根据的不同，可分为法定抵销与合意抵销。

法定抵销的要件包括：

（1）须双方当事人互负债务、互享债权。

（2）须自动债权即提出抵销的债权已届清偿期。

（3）须双方债务的标的物种类、品质相同。

（4）须不存在按照合同性质或者依照法律规定不得抵销的情形。

4. 提存

提存，指由于债权人的原因而无法向其交付合同标的物时，债务人将该标的物交给提存机关而消灭债务的制度。

提存条件包括：

（1）须有因债权人方面的原因使债务人难以履行债务的客观情况发生。

（2）须提存的标的物适宜提存。如果标的物不适于提存或者提存费用过高，债务人依法可以拍卖或者变卖标的物，提存所得的价款。

（3）须经法定程序进行。

提存的效力在于：自提存之日起，债务人与债权人之间的权利义务终止。标的物提存后，其所有权原则上转移给债权人，孳息归债权人所有，提存费用由债权人负担，提存期间提存物毁损灭失的风险亦由债权人承担。标的物提存后，债务人应当及时通知债权人或者债权人的继承人、监护人。若债务人无法通知，应由提存机关履行此义务。债权人领取提存物的权利，自提存之日起5年内不行使而消灭，提存物扣除提存费用后归国家所有。

5. 免除

免除的对象可以是部分债务，也可以是全部债务。免除为单方、无偿、非要式法律行为，一经通知对方即发生效力，不得撤销。免除的效力在于债务全部免除时，主债务与从债务全部消灭；部分免除时，主债务与从债务部分消灭。但债权人仅免除从债务时，主债务并不消灭。

6. 混同

混同指债权人与债务人成为同一人，例如两个企业的合并。混同无须以任何人的意思表示为成立要件，故属于法律事实中的事件。

混同的成立原因主要有：

（1）概括承受

概括承受既有企业法人和其他组织的概括承受，也有个人的概括承受。前者如相互有债权债务关系的企业合并为一个企业，债权债务即因同归于一个企业而消灭。后者如债权人继承债务人的遗产或者债务人继承债权人的遗产，债权债务因同归继承人而消灭。

（2）特定承受

这是指在债务人受让债权人的债权，债权人承受债务人的债务的场合，债权债务亦因混同而消灭。混同的效力在于绝对地消灭合同关系及因合同所生的从债权和从债务，但涉及第三人利益的除外。

除上述六种原因外，法律规定或者当事人约定的其他情形，如当事人死亡、解除条件成就、终期届至等，也可导致合同终止。

三、知识产权制度

知识产权有广义和狭义之分。广义的知识产权包括著作权、邻接权、商标权、商号权、商业秘密权、产地标记权、专利权、集成电路布图设计权、植物新品种权等各种权利。狭义的知识产权，即传统意义上的知识产权，包括著作权、专利权、商标权三个组成部分，其中的专利权与商标权合称工业产权。世界贸易组织《与贸易有关的知识产权协定》明确规定，知识产权属于私权。在中国，知识产权属于民事权利。民法总则规定，知识产权包括著作权、专利权、商标权、发明权、发现权以及其他科技成果权。

（一）著作权

著作权也称版权，是指作者及其他权利人对文学、艺术和科学作品享有的人身权和财产权的总称。著作权除具有知识产权的共同特征外，还具有权利内容的双重性和权利自动产生的特点。权利内容的双重性是指著作权包括人身权与财产权的双重内容，不过两者的保护期限不同。权利的自动产生是指著作权基于作品的创作完成这一事实而自动产生，既不需要发表，也无须任何部门审批，这一点与专利权和商标权不同。

著作权的内容包括：发表权、署名权、修改权、保护作品完整权、复制权、发行权、出租权、展览权、表演权、放映权、广播权、信息网络传播权、摄制权、改编权、翻译权、汇编权、应当由著作权人享有的其他权利。

（二）专利权

专利权，是发明创造人或其权利受让人对特定的发明创造在一定期限内依法享有的独占实施权。

专利权的内容即专利权人享有的权利，具体包括：

（1）自己实施专利的权利。

（2）许可他人实施专利的权利。

（3）转让权。专利权人有权转让专利权和专利申请权。专利转让与许可他人实施专利的区别在于：转让是专利所有权的转移；而在许可实施的场合，被许可人只是得到使用专利的权利，专利的所有权并没有转移。根据专利法的规定，转让专利申请权或者专利权的，当事人应当订立书面合同，并向国务院专利行政部门登记，由国务院专利行政部门予以公告。专利申请权或者专利权的转让自登记之日起生效。

（4）报酬权或受奖权。职务发明创造的发明人或设计人有权得到报酬或奖励。

(5) 署名权和标记权。发明人或者设计人有权在专利文件中写明自己是发明人或者设计人，专利权人有权在其专利产品或包装上标明专利标识。此外，专利权人还有权放弃专利权。

(三) 商标权

商标权，是指商标主管机关依法授予商标所有人对其注册商标受国家法律保护的专有权。

商标权的主要内容包括如下权利：

(1) 独占使用权

商标一经注册，商标权人即对注册商标在法定范围内享有专有使用的权利，他人未经许可不得在同一种商品或者类似商标上使用与该注册商标相同或者近似的商标。否则，就构成侵权。

(2) 转让权

商标权人有权依照法律规定，将商标权转让给他人。商标转让后，原商标权人的权利丧失，受让人取得商标权。转让注册商标的，转让人和受让人应当签订转让协议，并共同向商标局提出申请。受让人应当保证使用该注册商标的商品质量。转让注册商标经核准后，予以公告。受让人自公告之日起享有商标专用权。

(3) 使用许可权

商标权人有权通过签订商标使用许可合同，许可他人使用自己的注册商标。在此种情形下，商标权人可以保留自己的使用权，也可以放弃使用权，但无论哪种情况，商标权并未发生转移，仍属于许可人。许可人应当监督被许可人使用其注册商标的商品质量。被许可人应当保证使用该注册商标的商品质量。经许可使用他人注册商标的，必须在使用该注册商标的商品上标明被许可人的名称和商品产地。商标使用许可合同应当报商标局备案。

民事权利制度除此之外，还有婚姻家庭继承的相关内容，鉴于篇幅有限，在此不进行介绍。

【风险提示】

在物权变动中，要注意区分债权效力和物权变动效力。不动产物权变动是以登记为标志，而动产物权变动则是以交付为标志的，交付的方式有且仅有物权法规定的四种方式。

【相关案例】

青岛源宏祥纺织有限公司诉港润（聊城）印染有限公司取回权确认纠纷案

原告青岛源宏祥纺织有限公司（简称“源宏祥纺织公司”）与第三人程泉布业公司为被告港润（聊城）印染有限公司（简称“港润印染公司”）供应布匹。截止到2009年11月4日，港润印染公司欠源宏祥纺织公司货款1 195139.17元，欠程泉布业公司货款1075952.31元。2009年11月20日，三公司达成如下协议：一、程泉布业公司将港润印染公司所欠货款全部转让给源宏祥纺织公司，港润印染公司和程泉布业公司均同意由港润印染公司直接将欠款支付给源宏祥纺织公司。二、源宏祥纺织公司同意港润印染公司以其所有的七台机械设备折抵所欠货款，此七台机械设备所有权自本协议生效之日起转移为源宏祥纺织公司所有。三、港润印染公司应在2010年3月31日前将所折抵的设备交付源宏祥纺织公司，并保证源宏祥纺织公司顺利取得设备，港润印染公司必须严格按照上述时间交付设备，若逾期交付，港润印染公司应按照所欠货款金额的每日千分之一向源宏祥纺织公司支付滞纳金。协议签订后，至三方协议中约定的2010年3月31日之前，港润印染公司未向源宏祥纺织公司交付七台设备。

2010年3月17日，山东省聊城市中级人民法院受理了恒润热力公司对被告港润印染公司的破产申请，2010年5月6日原告源宏祥纺织公司向港润印染公司申报债权。2010年7月27日，聊城市中级人民法院宣告港润印染公司破产。

一审法院认为，原告源宏祥纺织公司与被告港润印染公司、第三人程泉布业公司签订的三方协议合法有效，但协议有效并不表示本案所涉七台设备的物权发生转移，综合判定案所涉七台设备属于港润印染公司的破产财产，故驳回了原告的诉讼请求。原告不服提起上诉，二审法院认为：涉案的七台设备属于动产，而动产的公示方法原则上是占有与交付，当事人并未按照法律规定的交付方式进行交付，故没有交付该动产；同时协议中约定的方式是不属于占有改定，故判决驳回上诉，维持原判。

【法条指引】

中华人民共和国物权法（节录）

第九条 不动产物权的设立、变更、转让和消灭，经依法登记，发生效力；未经登记，不发生效力，但法律另有规定的除外。

依法属于国家所有的自然资源，所有权可以不登记。

第十条 不动产登记，由不动产所在地的登记机构办理。

国家对不动产实行统一登记制度。统一登记的范围、登记机构和登记办法，由法律、行政法规规定。

第二十三条 动产物权的设立和转让，自交付时发生效力，但法律另有规定的除外。

第二十四条 船舶、航空器和机动车等物权的设立、变更、转让和消灭，未经登记，不得对抗善意第三人。

第二十五条 动产物权设立和转让前，权利人已经依法占有该动产的，物权自法律行为生效时发生效力。

第二十六条 动产物权设立和转让前，第三人依法占有该动产的，负有交付义务的人可以通过转让请求第三人返还原物的权利代替交付。

第二十七条 动产物权转让时，双方又约定由出让人继续占有该动产的，物权自该约定生效时发生效力。

第五章

经济法律制度

第一节　经济法的基本原则

【规则要点】

经济法的基本原则是经济制度的基础，在经济法的发展过程中，形成了平衡协调原则、维护公平竞争原则、责任权利相统一原则、公平公正原则等。

【理解与适用】

中国的经济法反映了市场经济现代化生产的一般要求，其宗旨在于维护社会整体利益，是调整发生在政府、政府经济管理机关和经济组织、公民之间的经济管理关系的法律规范的总和。经济法律制度的基本原则是经济法的核心和构建经济法体系的根基，是经济法宗旨的具体体现，是所有经济法的规范和法律文件应贯彻的原则。具体来说有以下几项内容。

一、平衡协调原则

这是由经济法律制度的社会性决定的一项普遍原则，是所有经济法律制度共同遵循的一项主导原则。平衡协调原则，是指经济法的立法和执法要从整个国民经济的协调发展和社会整体利益出发，来调整具体经济关系，协调经济利益关系，

二、维护公平竞争原则

这是经济法律制度反映社会化市场经济内在要求和理念的基础性原则。维护公平竞争原则也体现出了经济法规范的强行性，显示出政府的积极义务以及法律对国家或者政府的限制。

三、责任权利相统一原则

这是指经济法律关系中的管理主体以及活动主体的责任须与其所拥有的权利、利益相一致，这是一项基本原则。对于责任的理解要从以下两个方面进行：首先，这是一种角色分配的责任，表明了经济法律关系对于特定角色权利义务的要求；其次，该责任表明主体违反义务时法律和国家对其的否定性评价。该原则是与中国的公有制原则相一致的。

除此之外，经济法律制度还有公平公正原则、违法行为法定原则以及管理权限和程序法定原则。

【风险提示】

任何经济行为都不得违反经济法的基本原则，无论是政府的行为还是经济法律关系的主体行为。

【法条指引】

中华人民共和国反不正当竞争法（节录）

第二条 经营者在生产经营活动中，应当遵循自愿、平等、公平、诚信的原则，遵守法律和商业道德。

本法所称的不正当竞争行为，是指经营者在生产经营活动中，违反本法规定，扰乱市场竞争秩序，损害其他经营者或者消费者的合法权益的行为。

本法所称的经营者，是指从事商品生产、经营或者提供服务（以下所称商品包括服务）的自然人、法人和非法人组织。

第三条 各级人民政府应当采取措施，制止不正当竞争行为，为公平竞争创造良好的环境和条件。

国务院建立反不正当竞争工作协调机制，研究决定反不正当竞争重大政策，协调处理维护市场竞争秩序的重大问题。

第四条 县级以上人民政府履行工商行政管理职责的部门对不正当竞争行为进行查处；法律、行政法规规定由其他部门查处的，依照其规定。

第五条 国家鼓励、支持和保护一切组织和个人对不正当竞争行为进行社会监督。

国家机关及其工作人员不得支持、包庇不正当竞争行为。

行业组织应当加强行业自律，引导、规范会员依法竞争，维护市场竞争秩序。

第二节 竞争法

【规则要点】

竞争法框架体系是由反垄断法和反不正当竞争法构成的，其中，反不正当竞争法的关键在于几类不正当竞争行为及其法律后果；反垄断法的关键则是垄断行为的认定及后续反垄断调查。

【理解与适用】

一、反不正当竞争

《中华人民共和国反不正当竞争法》于1993年9月2日通过，并自当年12月1日起施行。2017年进行了修订完善，2019年进行了最新修正。

根据《中华人民共和国反不正当竞争法》，经营者不得实施下列不正当行为。

（一）混淆行为

1. 混淆行为的类型

经营者的下列行为构成混淆：擅自使用与他人有一定影响的商品名称、包装、装潢等相同或近似的标识；擅自使用他人有一定影响的企业名称（包括简称、字号等）、社会组织名称、姓名；擅自使用他人有一定影响的域名主体部分、网站名称、网页等；其他足以引人误认为是他人商品或者与他人存在特定联系的混淆行为。

2. 混淆行为的法律责任

根据行为人行为情节的严重程度，其承担的法律责任为：停止违法行为；没收违法产品；违法经营额5万元以上的，可以并处违法经营额5倍以下的罚款，没有该数额或者不足该数额的，可以并处25万元以下罚款；如果情节严重，则会被吊销营业执照。

（二）商业贿赂行为

1. 行为表现

经营者采用财物或者其他手段贿赂下列单位或者个人，来谋取交易机会或者竞争优势构成商业贿赂行为。

第一，交易相对方的工作人员、受交易向对方委托办理相关事项的个人或者单位、利用职权或者影响力影响交易的单位或者个人。

第二，经营者可以向交易相对方支付折扣或向中间人支付佣金，但是都应以明示的方式，并且都要如实入账，否则构成商业贿赂。

第三，经营者的工作人员进行贿赂的，也被认定为经营者的行为，但是，若经营者能证明该行为与经营者谋取机会或者竞争优势无关的除外。

2. 法律责任

对商业贿赂行为，应没收违法所得；处10万元以上300万元以下罚款；情节严重的，吊销营业执照。

（三）虚假广告

1. 行为方式

经营者对其商品的性能、功能、质量、销售状况、用户评价、曾获荣誉等作虚假宣传或者引人误解的商业宣传，欺骗、误导消费者的；经营者通过组织虚假交易等方式，帮助其他经营者进行虚假或者引人误解的商业宣传。

2. 法律责任

停止违法行为，处20万元以上100万元以下的罚款；情节严重的，处100万元以上200万元以下的罚款，可以吊销营业执照；若是发布虚假广告的，则依照《中华人民共和国广告法》的规定进行处罚。

（四）侵犯商业秘密

1. 行为表现

商业秘密是指不为公众所知悉、具有商业价值并经权利人采取相应保密措施的技术信息和经营信息。经营者以盗窃、贿赂、欺诈或者其他不正当手段获取权利人的商业秘密；披露、使用或者允许他人使用以前项手段获取的商业秘密；违反约定或权利人有关保守商业秘密的要求，披露、使用或者允许他人使用其掌握的商业秘密；第三人明知或者应知商业秘密的权利人的员工、前员工或者其他单位、个人实施前面的行为，仍获取、披露、使用或者允许他人使用该商业秘密的，均是侵犯商业秘密的行为。

2. 法律责任

行为人应停止侵权；处 10 万元以上 50 万元以下的罚款；情节严重的，处 50 万元以上 300 万元以下的罚款。

(五) 不正当有奖销售

1. 行为表现

经营者所设奖的种类、兑奖条件、奖金金额或奖品等有奖销售的信息不明确，影响兑奖；采用谎称有奖或者让内部人中奖的欺骗方式进行有奖销售；抽奖式的有奖销售，最高奖的金额超过 5 万元的。

2. 法律责任

有关部门责令行为人停止违法行为；处 5 万元以上 50 万元以下的罚款。

(六) 诋毁商誉

1. 行为表现

有竞争关系的竞争者故意编造、传播虚假信息或者误导性信息，从而损害竞争对手的商业信誉、商业声誉。

2. 法律责任

责令停止违法行为、消除影响；处 10 万元以上 50 万元以下的罚款；情节严重的，处 50 万元以上 300 万元以下的罚款。

(七) 互联网不正当竞争行为

1. 行为表现

经营者利用技术手段，通过影响用户选择或者其他方式，实施下列妨碍、破坏其他经营者合法提供的网络产品或者服务正常运行的行为：未经其他经营者同意，在其合法提供的网络产品或者服务中，插入链接、强制进行目标跳转；误导、欺骗、强迫用户修改、关闭、卸载其他经营者合法提供的网络产品或者服务；恶意对其他经营者合法提供的网络产品或者服务实施不兼容；其他妨碍、破坏其他经营者合法提供的网络产品或者服务正常运行的行为。

2. 法律责任

行为人应停止违法行为；处 10 万元以上 50 万元以下的罚款；情节严重的，处 50 万元以上 300 万元以下的罚款。

二、反垄断

垄断行为是指经营者达成垄断协议，经营者滥用市场支配地位以及具有或者可能具有排除、限制竞争效果的经营者集中。中国反垄断法只适用于中国境内的垄断行为以及境外的对境内市场竞争产生排除、限制影响的垄断行为。但是，在知识产权和农产品方面有豁免。根据中国反垄断法的有关规定，垄断行为有以下几种。

（一）协议行为

垄断协议，是指排除、限制竞争的协议、决定或者其他协同行为。可以分为具有竞争关系的同业竞争者之间的横向协议、具有交易关系的上下游经营者的纵向协议以及行业协会的横向和纵向协议。

但是，如果经营者能够证明所达成的协议具有下列情形之一的，则不是垄断协议。

（1）为改进技术、研究开发新产品的；

（2）为提高产品质量、降低成本、增进效率，统一产品规格、标准或者实行专业化分工的；

（3）为提高中小经营者经营效率，增强中小经营者竞争力的；

（4）为实现节约能源、保护环境、救灾救助等社会公共利益的；

（5）因经济不景气，为缓解销售量严重下降或者生产明显过剩的；

（6）为保障对外贸易和对外经济合作中的正当利益的；

（7）法律和国务院规定的其他情形。

垄断协议者承担民事、行政、刑事责任，但若经营者主动向反垄断执法机构报告达成反垄断协议的有关情况并且提供重要证据的，反垄断执法机构可以酌情减轻或者免除对该经营者的处罚。

（二）滥用市场支配地位

判断是否为滥用市场支配地位的前提是判断是否为市场支配地位。市场支配地位的确定有参考因素和推定因素两种。

参考因素主要有：该经营者在相关市场的市场份额以及该市场的竞争状况、经营者控制销售市场或者原材料采购市场的能力、经营者的财力和技术条件、其他经营者对该经营者的依赖程度、其他经营者进入市场的难易程度、与认定有关的其他因素。

当经营者有下列情形之一的，可以推定其有市场支配地位：

（1）一个经营者在相关市场的市场份额达到1/2的；

（2）两个经营者在相关市场的市场份额合计达到2/3的；

（3）三个经营者在相关市场的市场份额合计达到3/4的。

若两个或者三个经营者市场份额不足1/10的，不应当推定该经营者具有市场支配地位。而且被推定具有市场支配地位的经营者，有证据证明不具有市场支配地位的，不应当认定其具有市场支配地位。

滥用市场支配地位的行为主要有以下三种。

（1）以不公平的高价销售商品或者以不公平的低价购买商品；

（2）没有正当理由，进行倾销、拒绝交易、限定交易、搭售、差别待遇。一定要注意的是该几种行为都是在没有正当理由的前提下；

（3）国务院反垄断执法机构认定的其他滥用市场支配地位的行为。

滥用市场支配地位，会承担相应的行政责任和民事责任。

（三）经营者集中

经营者集中是两个或者两个以上的企业以一定的方式或手段形成企业间的资产、人员和营业的整合，最终结果是控制权的转移。

经营者集中的主要表现有：经营者合并、通过取得股权或者资产的方式取得对其他经营者的控制权、通过合同等方式取得对其他经营者的控制权或者能够对其他经营者施加决定性影响。

国务院反垄断机构经过一定的审查程序来认定经营者的行为是否构成经营者集中，若构成经营者集中，该经营者会承担相应的行政责任、民事责任。

（四）行政垄断

行政垄断是指拥有行政权力的政府机关以及其他依法具有公共事务职能的组织滥用行政权力，排除、限制竞争的行为。

行为方式主要有：限定经营；强制经营者从事垄断行为；制定垄断性规定、文件、政策等。

若发生行政垄断，行政机关和具有管理公共事务职能的组织以及相应的经营者会受到相应的处罚。

针对以上几种反垄断行为，反垄断机构要进行相应的调查。其中，反垄断委员会负责组织、协调、指导反垄断工作；反垄断执法机构包括国务院反垄断执法机构和被国务院反垄断执法机构授权的省级政府的相应机构，具体分工为：国家市场监督管理总局负责非价格协议、非价格滥用、市场支配地位、行政垄断；发改委负责调查与价格相关的垄断行为；商务部则负责经营者集中的调查。

【风险提示】

反不正当竞争法和反垄断法的重点在于对不正当竞争行为和垄断行为的认定，在认定是否属于这些行为时，要根据法律规定的要件逐一认定，并非任何主体的任何行为都可以构成这些行为。

【相关案例】

北京奇虎科技有限公司诉腾讯科技（深圳）有限公司、深圳市腾讯计算机系统有限公司滥用市场支配地位纠纷案

北京奇虎科技有限公司（简称“奇虎公司”）、奇智软件（北京）有限公司于2010年10月29日发布QQ保镖软件。2010年11月3日，腾讯科技（深圳）有限公司（简称“腾讯公司”）发布《致广大QQ用户的一封信》，在装有360软件的电脑上停止运行QQ软件。11月4日，奇虎公司宣布召回QQ保镖软件。同日，360安全中心也宣布，在国家有关部门的强力干预下，目前QQ和360软件已经实现了完全兼容。2010年9月，腾讯QQ即时通信软件与QQ软件管理一起打包安装，安装过程中并未提示用户将同时安装QQ软件管理。2010年9月21日，腾讯公司发出公告称，正在使用的QQ软件管理和QQ医生将自动升级为QQ电脑管家。奇虎公司诉至广东省高级人民法院，指控腾讯公司滥用其在即时通信软件及服务相关市场的市场支配地位。奇虎公司主张，腾讯公司和深圳市腾讯计算机系统有限公司（简称“腾讯计算机公司”）在即时通信软件及服务相关市场

具有市场支配地位，两公司明示禁止其用户使用奇虎公司的360软件，否则停止QQ软件服务；拒绝向安装有360软件的用户提供相关的软件服务，强制用户删除360软件；采取技术手段，阻止安装了360浏览器的用户访问QQ空间，上述行为构成限制交易；腾讯公司和腾讯计算机公司将QQ软件管家与即时通信软件相捆绑，以升级QQ软件管家的名义安装QQ医生，构成捆绑销售。

一审法院驳回了原告的诉讼请求。原告不服，提起上诉，二审法院认为：本案相关市场应界定为即时通信服务市场，既包括个人电脑端即时通信服务，又包括移动端即时通信服务；既包括综合性即时通信服务，又包括文字、音频以及视频等非综合性即时通信服务；法院从市场份额、相关市场的竞争状况、被诉经营者控制商品价格、数量或者其他交易条件的能力、该经营者的财力和技术条件、其他经营者对该经营者在交易上的依赖程度、其他经营者进入相关市场的难易程度等方面，对被上诉人是否具有市场支配地位进行考量和分析，最终认定本案现有证据并不足以支持被上诉人具有市场支配地位的结论；被上诉人不具有滥用市场支配地位行为：被上诉人实施的“产品不兼容”行为（用户二选一）不构成反垄断法禁止的限制交易行为，被上诉人将QQ软件管家与即时通信软件捆绑搭售不构成搭售行为。故此，二审法院驳回上诉，维持原判。

【法条指引】

中华人民共和国反垄断法（节录）

第十七条 禁止具有市场支配地位的经营者从事下列滥用市场支配地位的行为：

（一）以不公平的高价销售商品或者以不公平的低价购买商品；

（二）没有正当理由，以低于成本的价格销售商品；

（三）没有正当理由，拒绝与交易相对人进行交易；

（四）没有正当理由，限定交易相对人只能与其进行交易或者只能与其指定的经营者进行交易；

（五）没有正当理由搭售商品，或者在交易时附加其他不合理的交易条件；

（六）没有正当理由，对条件相同的交易相对人在交易价格等交易条件上实行差别待遇；

（七）国务院反垄断执法机构认定的其他滥用市场支配地位的行为。

本法所称市场支配地位，是指经营者在相关市场内具有能够控制商品价格、数量或者其他交易条件，或者能够阻碍、影响其他经营者进入相关市场能力的市场地位。

第二十七条 审查经营者集中，应当考虑下列因素：

（一）参与集中的经营者在相关市场的市场份额及其对市场的控制力；

（二）相关市场的市场集中度；

（三）经营者集中对市场进入、技术进步的影响；

（四）经营者集中对消费者和其他有关经营者的影响；

（五）经营者集中对国民经济发展的影响；

（六）国务院反垄断执法机构认为应当考虑的影响市场竞争的其他因素。

第三节 消费者法

【规则要点】

消费者法由三个部门法构成，重点在于保护处于弱势群体的消费者的权益。消费者在消费时，合法权益受到侵犯时需要用法律的武器保护自己的权益。

【理解与适用】

消费者法主要由消费者权益保护法、产品质量法、食品安全法三个部门法组成。

一、消费者权益保护法

消费者权益保护法的主要作用在于保护弱势群体——消费者的合法权益，主要包括消费者的权利、经营者的义务以及消费者与经营者之间争议的解决三个方面。

（一）消费者的权利

消费者具有以下权利：

1. 安全保障权

消费者在购买、使用商品和接受服务时享有人身、财产安全不受损害的权利。

2. 知悉真情权

消费者享有知悉其购买、使用的商品或者接受的服务的真实情况的权利。

3. 自主选择权

消费者有权自主选择提供商品或者服务的经营、商品品种或者服务方式、是否购买任何一种商品或是否接受任何一项服务、对商品或服务进行比较、鉴别和挑选。经营者不得以任何方式干涉消费者行使自主选择权。

4. 公平交易权

消费者有权获得质量保障、价格合理、计量正确等公平交易条件；有权拒绝经营者的强制交易行为。

5. 获取赔偿权

消费者因购买、使用商品或者接受服务受到人身、财产损害的，享有依法获得赔偿的权利。

6. 结社权

消费者享有依法成立维护自身合法权益的社会组织的权利。

7. 获得有关知识权

消费者享有获得有关消费和消费者权益保护方面的知识的权利。消费者也应努力掌握所需商品或者服务的知识和使用技能，正确使用商品，提高自我保护意识。

8. 受尊重权

消费者在购买、使用商品和接受服务时，享有人格尊严、民族风俗习惯得到尊重的权利。

9. 监督批评权

消费者享有对商品和服务以及保护消费者权益工作进行监督的权利；消费者有权检举、控告侵害消费者权益的行为和国家机关及其工作人员在保护消费者权益工作中违法失职行为，有权对保护消费者权益工作提出批评、建议。

10. 个人信息权

个人信息权是指消费者的姓名、性别、职业、学历、住所、联系方式、婚姻情况、亲属情况、财产状况、血型、病史、消费习惯等所有私人信息不被非法收集和非法披露的权利。

（二）经营者的义务

经营者应当履行下列义务：

1. 安全保障义务

经营者应当保证其提供的商品或服务符合保障人身、财产安全的要求。

具体内容包括：

（1）说明和警示义务

对可能危及人身、财产安全的商品和服务，应作出真实说明和明确的警示，标明正确使用及防止危害发生的方法。

（2）场所经营者的安保义务

宾馆、商场、餐馆、银行、机场、车站、港口、影剧院等经营场所的经营者，应当对消费者尽到安全保障义务。

2. 缺陷商品召回义务

经营者发现其提供的商品或者服务存在缺陷，有危及人身、财产安全危险的，应当立即向有关行政部门报告和告知消费者，并采取停止销售、警示、召回、无害化处理、销毁、停止生产或者服务等措施。采取召回措施的，经营者应当承担消费者因商品被召回支出的必要费用。

对食品药品争议案件中，对赠品的质量负有与正品同等的安保义务：食品、药品生产者、销售者提供给消费者的食品或者药品的赠品发生质量安全问题，造成消费者损害，消费者主张权利，生产者、销售者以消费者未对赠品支付对价为由进行免责抗辩的，人民法院不予支持。

3. 提供真实信息义务

经营者向消费者提供有关商品或者服务的质量、性能、用途、有效期限等信息，应当真实、全面，不得作虚假或引人误解的虚假宣传。对于消费者关于质量、使用方法等问题的询问，经营者应作出明确的、完备的、符合实际的答复。经营者提供商品或服务应当明码标价，以便于消费者选择和有关部门监督。

4. 标明真实名称和标记的义务

经营者应当标明真实名称和标记，租赁他人柜台或场地的经营者，应标明其真实名称和标记。

5. 出具凭证或单据的义务

经营者提供商品或者服务，应按照国家规定或商业惯例向消费者出具发票等购货凭证或者服务单据；消费者索要购货凭证或者单据的，经营者必须出具。

6. 保证质量的义务

经营者应当保证在正常使用商品或者接受服务的情况下，其提供的商品或者服务应当具有的质量、性能、用途和有效期期限；但消费者在购买该商品或者接受服务前已经知道其存在瑕疵，且存在该瑕疵不违反法律强制性规定的除外。经营者以广告、产品说明、实物样品或者其他方式表明商品或者服务的质量状况的，应当保证提供的商品或者服务的实际质量与表明的质量状况相符。经营者提供的机动车、计算机、电视机、电冰箱、空调器、洗衣机等耐用商品或者装饰装修等服务，消费者自接受商品或者服务之日起 6 个月内发现瑕疵，发生争议的，由经营者承担有关瑕疵的举证责任。

7. 履行三包义务

经营者提供商品或者服务不符合质量要求的，消费者可以依照国家规定和当事人约定退货，或者要求经营者履行更换、修理等义务；没有国家规定和当事人约定的，消费者可以自收到商品之日起 7 日内退货；7 日后符合《中华人民共和国合同法》规定的解除合同条件的，消费者可以及时退货，不符合解除合同条件的，可以要求经营者履行更换、修理等义务。依照前述规定对大件商品进行退货、更换、修理的，经营者应当承担运输等必要费用。

8. 正确使用格式条款的义务

9. 尊重消费者信息自由的义务

应当保护消费者个人信息，避免以商业信息骚扰消费者。

10. 其他义务

主要包括经营者应当依法经营和诚信经营，接受监督，不得侵犯消费者人格权等。

（三）争议解决

争议解决途径包括：与经营者协商和解、调解、请求消费者协会或其他组织调解、提请仲裁（消费者权益争议也可通过仲裁途径予以解决，不过，仲裁必须具备的前提条件是双方订有书面仲裁协议或书面仲裁条款）、向人民法院提起诉讼等。

二、产品质量法

产品质量法的主要内容包括：产品质量责任、生产者和销售者的质量义务以及经营者责任。

（一）产品质量责任

产品质量责任是指产品的生产者、销售者以及对产品质量负有直接责任的人违反产品质量法规定的产品质量义务应承担的法律后果。当上述主体违反默示担保义务、违反明示担保义务、产品存在缺陷时，可以判定其应承担相应的产品质量责任。

（二）生产者、销售者的质量义务

生产者应当承担以下义务。

1. 产品质量的要求

产品不存在危及人身、财产安全的不合理危险，有保障人体健康和人身财产安全的国家标准、行业标准的，都应该符合标准；具备产品应当具备的使用性能，但是，对产品存在使用性能的瑕疵作出说明的除外；符合在产品或者其包装上注明采用的产品标准，符合以产品说明、实物样品等方式表明的质量状况。

2. 产品或者包装上标识的要求

有产品质量检验合格证明；有中文标明的产品名称、生产厂厂名和厂址；根据产品的特点和使用要求，需要标明产品规格、等级、所含主要成分的名称和含量的，用中文相应予以标明，需要事先让消费者知晓的，应当在外包装上标明，或者预先向消费者提供有关资料；限期使用的产品，应当在显著位置清晰地标明生产日期和安全使用期或者失效日期；使用不当，容易造成产品本身损坏或者可能危及人身、财产安全的产品，应当有警示标志或者中文警示说明；易碎、易燃、易爆、有毒、有腐蚀性、有放射性等危险物品以及储运中不能倒置和其他有特殊要求的产品，其包装质量必须符合相应要求，依照国家有关规定作出警示标志或者中文警示说明，标明储运注意事项；裸装的食品和其他根据产品的特点难以附加标识的裸装产品，可以不附加产品标识。

3. 不作为义务

不得生产国家明令淘汰的产品；不得伪造产地，不得伪造或者冒用他人的厂名、厂址；不得伪造或者冒用认证标志、名优标志等质量标志；不得掺杂、掺假，不得以假充真、以次充好；不得以不合格产品冒充合格产品。

销售者应当承担以下义务：进货验收义务；保持产品质量的义务；有关产品标识的义务；不得违反禁止性规范。

（三）经营者责任

销售者交付的标的物不符合法定或约定的品质标准，应当承担违约责任。

根据产品质量法第40条的规定，售出的商品有下列情形之一的，销售者应当负责修理、更换、退货；给购买产品的消费者造成损失的，销售者应当赔偿损失：

（1）不具备产品应当具备的使用性能而事先未作说明的；

（2）不符合在产品或者其包装上注明采用的产品标准的；

（3）不符合以产品说明、实物样品等方式表明的质量状况的。

销售者依照前款规定负责修理、更换、退货、赔偿损失后，属于生产者的责任或者属于供货者责任的，销售者有权向生产者、供货者追偿。

对于产品质量责任，中国法律对生产者规定的是严格责任，对销售者则是过错责任。

三、食品安全法

（一）适用范围

食品安全法主要适用于在中国境内从事的与食品相关的活动，具体包括：食品生产和加工、食品流通和餐饮服务，食品添加剂的生产经营，用于食品的包装材料、容器、洗涤剂、消毒剂和用于食品生产经营的工具、设备的生产经营，食品生产经营者使用食品添加剂、食品相关产品，食品的贮存和运输，对食品、食品添加剂和食品相关产品的安全管理。

同时，该法也用否定列举的方式进行了规定：供食用的源于农业的初级产品的质量管理，遵守《中华人民共和国农产品质量安全法》的规定，但是，食用农产品的市场销售、有关质量安全标准的制定、有关安全信息的公布和《中华人民共和国食品安全法》对农业投入品作出规定的，应当遵守其规定。

（二）食品安全控制

在中国，食品安全标准有国家标准、省级标准和企业标准三种。其中，国务院卫生行政部门会同食品药品监管部门依照法定职权和程序制定、公布的，为国家标准；省、自治区、直辖市人民政府的卫生行政部门制定的省级标准报国务院卫生行政部门备案后生效；食品生产企业制定的标准为企业标准，该标准严于国标或省标的内容。

对于食品安全的控制，体现在食品制造、流通的各个环节中：在食品生产经营中，食品生产安全基准及负面清单要符合食品安全法第33条的规定；国家对食品生产经营实行许可制度，但是，销售食用农产品则不需要许可；食品生产经营者应当建立食品安全追溯体系，国务院食品药品监督管理部门会同国务院农业行政等有关部门建立食品安全全程追溯协作机制；生产经营企业在生产过程中要严守安全管理制度：从事人员健康检查、食品生产流程控制、食品安全自查、食品企业良好生产认证；食用农产品的安全保障；对于食品的交易场所、消费场所进行安全管理；标签、说明书和广告也要进行安全管理。当有缺陷的产品流入市场后，生产者或者经营者发现存在问题后，要及时召回，否则，县级以上人民政府食品药品监督管理部门可以责令其召回或者停止经营。

（三）法律责任

违反食品安全法的有关规定，主要承担的责任有民事责任、行政责任、刑事责任。

1. 民事责任

民事责任的承担遵循优先的原则：受害消费者可以选择生产者或销售者要求赔付。接到消费者索赔的生产经营者，实行首负责任制，先行赔付，如果是对方责任，赔付后可追偿。

惩罚性赔偿：生产不符合食品安全标准的食品或经营明知是不符合食

品安全标准的食品，消费者除要求赔偿损失外，还可以向生产者或销售者要求支付10倍价款或损失3倍的赔偿金；增加赔偿的金额不足1000元的，为1000元，但是，食品的标签、说明书存在不影响食品安全且不会对消费者造成误导瑕疵的除外。

2. 行政责任

未经许可从事食品生产经营行为或生产食品添加剂，没收违法所得、违法生产经营的食品、食品添加剂、用于违法生产经营的工具、设备、原料等并处罚款。

明知从事上述规定的违法行为，仍为其提供生产经营场所或者其他条件，其应停止违法行为，没收违法所得并处罚款，连带赔付受损害消费者。

生产经营过程中的违法行为，则根据其情节的严重程度承担不同的责任。对于其他主体的违法行为主要参考食品安全法第129—141条内容。

3. 刑事责任

违反食品安全法规定，构成犯罪的，依法追究刑事责任。

【风险提示】

要注意区别食品安全法和产品责任法的适用对象范围。同时，还要注意的是，违反食品安全法的生产经营者需要承担的行政、民事、刑事责任之间互不影响，是三种不同的责任类型。

【相关案例】

张某某诉王某某销售不符合安全标准食品支付十倍赔偿金纠纷案

原告张某某于被告王某某经营的南京市秦淮区滋美丽人食品商店购买了总价17600元的添立适果味钙咀嚼片。该食品外包装上载明生产厂家为丹阳市瑞艾斯食品有限公司，生产日期为2012年8月16日。张某某所提交的检验报告能够证明王某某所销售的涉案食品实际含钙量远低于食品外包装上注明的含钙量，故应当认定王某某所销售的涉案食品不符合其商品包装上注明的标准。另查明，丹阳市瑞艾斯食品有限公司于2011年5月

20 日经工商部门核准注销。

一审法院认为，王某某在向广州葆宁生物科技有限公司进货时，尽到了合理的注意义务，主观上并无过错；张某某仅自称其在服用添立适果味钙咀嚼片时感觉味道不纯，但未提交相关证据以证明损害事实的发生，故对张某某要求十倍赔偿的诉讼请求不予支持。张某某主张鸿燾公司承担共同赔偿责任，无法律依据，不予支持。

张某某不服提起上诉，二审法院根据《中华人民共和国食品安全法》第 3 条规定、《中华人民共和国产品质量法》第 5 条规定，认定王某某销售的添立适果味钙咀嚼片为不符合食品安全标准的食品；根据《中华人民共和国食品安全法》第 64 条规定，认定王某某未履行法定的进货查验义务，属于明知是不符合食品安全标准食品而销售；根据《中华人民共和国食品安全法》第 148 条的规定，食品销售者只要明知食品不符合安全标准而销售，就应当承担食品价款十倍赔偿的责任，而不以消费者遭受人身权益损害为前提。因此，二审法院判决王某某除退还张某某食品价款 17600 元外，还应赔偿张某某 176000 元。

【法条指引】

中华人民共和国消费者权益保护法（节录）

第四十条 消费者在购买、使用商品时，其合法权益受到损害的，可以向销售者要求赔偿。销售者赔偿后，属于生产者的责任或者属于向销售者提供商品的其他销售者的责任的，销售者有权向生产者或者其他销售者追偿。

消费者或者其他受害人因商品缺陷造成人身、财产损害的，可以向销售者要求赔偿，也可以向生产者要求赔偿。属于生产者责任的，销售者赔偿后，有权向生产者追偿。属于销售者责任的，生产者赔偿后，有权向销售者追偿。

消费者在接受服务时，其合法权益受到损害的，可以向服务者要求赔偿。

中华人民共和国食品安全法（节录）

第二条 在中华人民共和国境内从事下列活动，应当遵守本法：

（一）食品生产和加工（以下称食品生产），食品销售和餐饮服务（以下称食品经营）；

（二）食品添加剂的生产经营；

（三）用于食品的包装材料、容器、洗涤剂、消毒剂和用于食品生产经营的工具、设备（以下称食品相关产品）的生产经营；

（四）食品生产经营者使用食品添加剂、食品相关产品；

（五）食品的贮存和运输；

（六）对食品、食品添加剂、食品相关产品的安全管理。

供食用的源于农业的初级产品（以下称食用农产品）的质量安全管理，遵守《中华人民共和国农产品质量安全法》的规定。但是，食用农产品的市场销售、有关质量安全标准的制定、有关安全信息的公布和本法对农业投入品作出规定的，应当遵守本法的规定。

第四节 银行法律制度

【规则要点】

中国银行可分为中央银行、商业银行、政策性银行三种，政策性银行一般是基于国家某个时期的政策而设立，故本书在此不予讨论。中国人民银行是中国的中央银行，不仅承担银行的职责，还有其特殊职能，中国人民银行法对其进行了规定。对于商业银行的职责，也有相应的法律规范其行为。

【理解与适用】

中国银行法律主要有《中华人民共和国中国人民银行法》《中华人民共和国银行业监督管理法》《中华人民共和国商业银行法》等。

《中华人民共和国中国人民银行法》是规范中央银行活动的法律，规定了人民银行的性质、职能、货币政策、组织结构与中央政府的关系。

中国人民银行在国务院的领导下，制定和执行货币政策，防范和化解金融风险，维护金融稳定。其主要职责为：发布与履行其职责有关的命令和规章；依法制定和执行货币政策；发行人民币，管理人民币流通；监督管理银行间同业拆借市场和银行间债券市场；实施外汇管理，监督管理银行间外汇市场；监督管理黄金市场；持有、管理、经营国家外汇储备、黄金储备；经理国库；维护支付、清算系统的正常运行；指导、部署金融业反洗钱工作，负责反洗钱的资金监测；负责金融业的统计、调查、分析和预测；作为国家的中央银行，从事有关的国际金融活动；国务院规定的其他职责。

中国人民银行的主要业务为：(1) 为执行货币政策，使用如下货币政策工具：要求银行业金融机构按照规定的比例交存存款准备金；确定中央银行基准利率；为在中国人民银行开立账户的银行业金融机构办理再贴现；向商业银行提供贷款；在公开市场上买卖国债、其他政府债券和金融债券及外汇；国务院确定的其他货币政策工具。(2) 依照法律、行政法规的规定经理国库。(3) 国务院财政部门向各金融机构组织发行、兑付国债和其他政府债券。(4) 根据需要，为银行业金融机构开立账户，但不得对银行业金融机构的账户透支。(5) 根据执行货币政策的需要，可以决定对商业银行贷款的数额、期限、利率和方式，但贷款的期限不得超过一年。(6) 组织或者协助组织银行业金融机构相互之间的清算系统，协调银行业金融机构相互之间的清算事项，提供清算服务。具体办法由中国人民银行制定。会同国务院银行业监督管理机构制定支付结算规则。(7) 禁止事项：不得对政府财政透支，不得直接认购、包销国债和其他政府债券；不得向地方政府、各级政府部门提供贷款，不得向非银行金融机构以及其他单位和个人提供贷款，但国务院决定中国人民银行可以向特定的非银行金融机构提供贷款的除外；不得向任何单位和个人提供担保。

除此之外，中国人民银行法还规定了人民币的发行及保障、中国人民银行的监督管理任务、财务会计制度等。

商业银行法规定商业银行的设立和组织结构、对存款人的保护、贷款等其他业务的基本规则、财务会计、监督管理、接管和终止以及相关的法律责任。

商业银行以流动性、效益性为经营原则，实行自主经营、自担风险、自负盈亏、自我约束。商业银行法规定商业银行的部分或者全部业务为：吸收公众存款；发放短期、中期和长期贷款；办理国内外结算；办理票据承兑与贴现；发行金融债券；代理发行、代理兑付、承销政府债券；买卖政府债券、金融债券；从事同业拆借；买卖、代理买卖外汇；从事银行卡业务；提供信用证服务及担保；代理收付款项及代理保险业务；提供保管箱服务；经国务院银行业监督管理机构批准的其他业务。

商业银行法注重对于存款人的保护，对于个人办理储蓄存款业务，应遵循存款自愿、取款自由、为存款人保密等原则。除此之外，对于银行个人储蓄存款和单位存款有权拒绝任何单位和个人冻结、扣划，但法律另有规定的除外。

【风险提示】

国家的中央银行更多承担的是管理方面的职责。商业银行准入门槛较高，要想成立商业银行必须满足法律规定的要件。

【法条指引】

中华人民共和国商业银行法（节录）

第十一条 设立商业银行，应当经国务院银行业监督管理机构审查批准。

未经国务院银行业监督管理机构批准，任何单位和个人不得从事吸收公众存款等商业银行业务，任何单位不得在名称中使用“银行”字样。

第十二条 设立商业银行，应当具备下列条件：

（一）有符合本法和《中华人民共和国公司法》规定的章程；

（二）有符合本法规定的注册资本最低限额；

（三）有具备任职专业知识和业务工作经验的董事、高级管理人员；

（四）有健全的组织机构和管理制度；

（五）有符合要求的营业场所、安全防范措施和与业务有关的其他设施。

设立商业银行，还应当符合其他审慎性条件。

第十三条 设立全国性商业银行的注册资本最低限额为十亿元人民币。设立城市商业银行的注册资本最低限额为一亿元人民币，设立农村商业银行的注册资本最低限额为五千万元人民币。注册资本应当是实缴资本。

国务院银行业监督管理机构根据审慎监管的要求可以调整注册资本最低限额，但不得少于前款规定的限额。

第二十九条 商业银行办理个人储蓄存款业务，应当遵循存款自愿、取款自由、存款有息、为存款人保密的原则。

对个人储蓄存款，商业银行有权拒绝任何单位或者个人查询、冻结、扣划，但法律另有规定的除外。

第三十条 对单位存款，商业银行有权拒绝任何单位或者个人查询，但法律、行政法规另有规定的除外；有权拒绝任何单位或者个人冻结、扣划，但法律另有规定的除外。

第三十一条 商业银行应当按照中国人民银行规定的存款利率的上下限，确定存款利率，并予以公告。

第三十二条 商业银行应当按照中国人民银行的规定，向中国人民银行交存存款准备金，留足备付金。

第三十三条 商业银行应当保证存款本金和利息的支付，不得拖延、拒绝支付存款本金和利息。

第五节 财税法律制度

【规则要点】

税收是国家财政的主要来源之一，因此，税收法律制度要遵循税收法定、税收公平、税收效率的基本原则，同时也要符合社会政策的要求。征税的过程也要按照法定的程序和标准进行。根据不同的标准可以将税收进行不同的分类，根据属性的不同可以将税收分为流转税、所得税、财产税、资源税、行为税五类。

【理解与适用】

税收是国家为实现其职能，强制、无偿地取得财政收入的一种手段。

一、税收的基本原则

所谓税收的基本原则，是指一国调整税收关系的基本规律的抽象和概括，是贯穿税法的立法、执法、司法和守法全过程的具有普遍性指导意义的法律准则。中国税收法律制度的基本原则为：税收法定原则、税收公平原则、税收效率原则、社会政策原则。

（一）税收法定原则

所谓税收法定原则，是指由立法者（在中国指全国人民代表大会及其常委会）决定全部税收问题的税法基本原则，即如果没有相应法律作前提，政府则不能征税，公民也没有纳税的义务。

我国宪法第 56 条规定："中华人民共和国公民有依照法律纳税的义务。"这是税收法定原则的宪法根据。立法法第 8 条规定："下列事项只能制定法律：……（六）税种的设立、税率的确定和税收征收管理等税收基本制度……"税收征收管理法第 3 条规定："税收的开征、停征以及减税、免税、退税、补税，依照法律的规定执行；法律授权国务院规定的，依照国务院制定的行政法规的规定执行。任何机关、单位和个人不得违反法律、行政法规的规定，擅自作出税收开征、停征以及减税、免税、退税、补税和其他同税收法律、行政法规相抵触的决定。"此处的"法律"仅指全国人大及其常委会制定的法律。这一规定较全面地反映了税收法定原则的要求，使税收法定原则在税收法制中得到了进一步的确立和完善。

需要指出的是，中国正在大力落实税收法定原则。

（二）税收公平原则

税收公平原则是指政府征税要使各个纳税人承受的负担与经济状况相适应，并使各个纳税人之间的负担水平保持均衡。在现代各国的税收法律关系中，纳税人的地位是平等的，因此，税收负担在国民之间的分配也必须公平合理。税收学界对公平原则的理解主要有两派：一为受益说，一为负担能力说。

（三）税收效率原则

在一般含义上，税收效率原则所要求的是以最小的费用获取最大的税收收入，并利用税收的经济调控作用最大限度地促进经济的发展，或者最大限度地减轻税收对经济发展的妨碍。税收效率原则包括税收行政效率和税收经济效率两个方面。

（四）社会政策原则

社会政策原则是指税收是国家用以推行各种社会政策，主要是经济政策的最重要的手段之一，其实质就是税收的经济基本职能的法律原则化。

社会政策原则确立以后，税法的其他基本原则，特别是税收公平主义原则，受到了一定程度的制约和影响。如何衡量税收公平，不仅要看各纳税人的负担能力，还要考虑社会全局和整体利益。社会政策原则的确定及其对税收公平主义原则的影响，是税法基本原则在现代发生的重大变化之一。

二、税收征收管理制度

税收征收法律制度，包括税收征收程序制度以及与其相关的各项程序制度。税收征收管理法是规定税务机关与纳税人之间在税收征收、税收管理活动中的权利、义务、责任以及税收征纳程序的法律规范的总称。

（一）税务管理

税务管理是征收管理程序中的基础性环节，主要包括：税务登记、账簿凭证管理和纳税申报。

1. 税务登记

税务登记包括开业登记、变更、注销登记、外出经营税务登记。

开业登记：企业在外地设立的分支机构和从事生产、经营的场所，个体工商户和从事生产、经营的事业单位自领取营业执照之日起30日内，持有关证件，向有关税务机关申报办理税务登记。

变更、注销登记：从事生产、经营的纳税人，税务登记内容发生变化的，自工商行政管理机关办理变更登记之日起30日内或者在向工商行政管理机关申请办理注销登记之前，持有关证件向税务机关申报办理变更或者注销税务登记。

外出经营税务登记：从事生产、经营的纳税人到外县（市）临时从事生产、经营的活动，应当持税务登记证副本和所在地税务机关填开的外出经营活动税收管理证明，向营业地税务机关报验登记、接受税务管理。从事生产、经营的纳税人外出经营，在同一地累计超过180天的，应当在营业地办理税务登记手续。

2. 账簿凭证管理制度

账簿凭证管理制度包括账簿凭证的设置制度、财务会计制度、发票管理制度、账簿凭证的保管制度和税控装置制度等。生产、经营规模小又确无建账能力的纳税人，可以聘请经批准从事会计代理记账业务的专业机构或者财会人员代为建账和办理账务。

3. 纳税申报

纳税人、扣缴义务人可以直接到税务机关办理纳税申报或者报送代扣代缴、代收代缴税款报告表，也可以按照规定采取邮寄、数据电文或者其他方式办理申报。若义务人不能按期办理税务申报或者报告表的，经税务机关核准，可以延期申报。

（二）税款征收

1. 基本制度

税款征收包括征纳主体、征纳期限、退税、应纳税额的确定、税款入库、文书送达制度等制度。

征税主体是税务机关、税务人员以及经税务机关依照法律、行政法规委托的单位和人员；纳税主体是纳税人和扣缴义务人。

纳税期限：纳税人、扣缴义务人按照法律、行政法规规定或者税务机关依照法律、行政法规的规定确定的期限，缴纳或者解缴税款。纳税人因有特殊困难，不能按期缴纳税款的，经省、自治区、直辖市国家税务局、地方税务局批准，可以延期缴纳税款，但是最长不得超过3个月。特殊困难包括：因不可抗力，导致纳税人发生较大损失，正常生产经营活动受到较大影响的；当期货币资金在扣除应付职工工资、社会保险费后，不足以缴纳税款的。

退税制度：纳税人超过应纳税额缴纳的税款，税务机关发现后应当立即退还；纳税人自结算缴税款之日起3年内发现的，可以向税务机关要求退还多缴的税款并加算银行同期存款利息，税务机关及时查实后应当立即退还；涉及从国库中退库的，依照法律、行政法规有关国库管理的规定退还。

应纳税额的确定：应纳税额的确定一般由征税机关根据纳税人的纳税申报来确定，在纳税人申报不实或纳税申报时，税务机关享有核定权和调整权。

2. 税收减免制度

减免法定：纳税人依照法律、行政法规的规定办理减税、免税。地方各级人民政府、各级人民政府主管部门、单位和个人违反法律、行政法规规定作出的减税、免税决定无效，税务机关不得执行，并向上级税务机关报告。

恢复法定：减、免期满，自期满次日起恢复纳税；减、免条件发生变化的，应当在纳税申报时向税务机关报告；不再符合减、免条件的，应当依法履行纳税义务；未依法纳税的，税务机关应当予以追缴。

3. 税款征收保障制度

中国法律确定了代位权、撤销权、税收优先权、离境清税制度、税收保全及强制制度，用以保障税收的征纳。

4. 纳税争议及处罚争议的处理

纳税争议：由纳税人先缴纳税款及滞纳金或者提供相应的担保；向上一级税务机关申请行政复议；对行政复议结果不服的，向法院起诉，未经复议，法院不予受理诉讼，未经纳税或者解缴税款又不提供担保的，税务机关不受理复议申请。

处罚争议：对税务机关作出的处罚决定、强制执行措施、保全措施不服的，或复议或起诉。

三、税收实体法律制度

中国现行有效的税种有 18 个。制定为法律的有个人所得税法、企业所得税法、环境保护税法、烟叶税法、船舶吨税法、车船税法。其他的税，目前只有国务院制定的相关税收暂行条例，如增值税暂行条例、城镇土地使用税暂行条例、土地增值税暂行条例等。按照中国税收法定要求，这些暂行条例在适当时间都要制定相应的法律。

按照课税对象的性质，中国的税种可分为流转税、所得税、财产税、资源税、行为税五大类。

（一）流转税法律制度

流转税法是调整各种流转税收法律关系的法律规范的总称。流转税是指以商品或劳务服务为征税对象，就其商品流转额或非商品流转额征税的一类税的总称，包括增值税、消费税、关税及烟叶税。

1. 增值税

增值税是以商品在流转过程中的增值额作为计税依据的一种流转税。商品销售收入额或劳务收入额扣除非增值因素后的余额即为增值额。商品生产企业的增值额是活劳动创造的价值扣除流通企业的流通费用以及商业企业的平均利润后的余额。商业企业的增值额是销售价格减去购进价格以及流通费用中属于物化劳动消耗部分后的余额。

2. 消费税

消费税是指以特定消费品为征税对象、以销售额或销售数量为计税依据的一种流转税，是对商品或劳务课税的一种主要形式。消费税源于货物税。消费税分为一般消费税和特别消费税，一般消费税实际上就是货物税，特别消费税是对特定的、限制性消费品征税，范围较窄。有的国家如美国开征的消费税征税范围包括所有消费品，实际上是货物税。中国开征的消费税属于特别消费税。在当代，无论是实行以所得税等直接税为主体税种的国家，还是实行以增值税等间接税为主体税种的国家，一般都开征消费税。中国消费税立法的宗旨是调节消费结构，正确引导消费方向，保证财政收入。

3. 关税

关税是对进出关境或国境的货物和物品征收的一种流转税。关境是指全面实施统一海关法令的境域。

4. 烟叶税

依照《中华人民共和国烟草专卖法》的规定收购烟叶的单位为烟叶税的纳税人。纳税人应当依照烟叶税法规定缴纳烟叶税。此处所称烟叶，是指烤烟叶、晾晒烟叶。烟叶税的应纳税额按照纳税人收购烟叶实际支付的价款总额乘以税率计算。烟叶税的税率为20%。烟叶税由地方税务机关征收。

（二）所得税法律制度

所得税，是指对纳税人在一定期间内的净收入额为征收对象的一类税的总称，包括企业所得税、个人所得税。

企业所得税纳税人是在中华人民共和国境内的企业和其他取得收入的组织。企业分为居民企业和非居民企业。个人独资企业和合伙企业不是企业所得税的纳税人。企业所得税的征税范围包括在中国境内的企业和组织取得的生产经营所得和其他所得。企业所得税税率为25%，非居民企业在中国境内未设立机构、场所的，或者虽设立机构、场所但取得的所得与其所设机构、场所没有实际联系的，应当就其来源于中国境内的所得缴纳企业所得税，税率为20%。此外，为了重点扶持和鼓励发展特定的产业和项目，规定符合条件的小型微利企业，减按20%的税率征收企业所得税；国家需要重点扶持的高新技术企业，减按15%的税率征收企业所得税。

个人所得税以所得人为纳税人，以支付所得的单位或个人为扣缴义务人，居民纳税人以来源于中国境内和境外的全部所得为征税对象，非居民纳税人则以来源于中国境内的所得为纳税对象。个人所得税的税目分为两类，共9个应税项目。个人所得税的税率按照不同的税目规定了不同的税率。个人所得税的计税依据为个人取得的各项所得减去按规定标准扣除费用后的余额。个人所得税的应纳税额为应纳税所得额乘以适用税率，同时根据不同的税目规定了扣除标准。此外，还规定了个人所得税的税收优惠和纳税申报与缴纳。

（三）财产税法律制度

财产税是指对纳税人所拥有或者支配的特定财产，就其数量或价值额征收的一种税，包括房产税、城镇土地使用税、车船税等。

财产税类是指以各种财产为征税对象的税收体系。财产税类税种的课税对象是财产的收益或财产所有人的收入，主要包括房产税、财产税、遗产和赠与税等税种。对财产课税，对于促进纳税人加强财产管理、提高财产使用效果具有特殊的作用。中国财产课税有房产税、城镇土地使用税等。遗产和赠与税在体现鼓励勤劳致富、反对不劳而富方面有着独特的作用，是世界各国通用的税种，但中国还没有开征遗产税和赠与税。

（四）资源税法律制度

资源税是对自然资源征税的税种总称。在中国，资源税是对在中国境内开采矿产品和生产盐的单位和个人取得的级差收入征收的一种税。资源税有以下特点。

1. 征税范围较窄

自然资源是生产资料或生活资料的天然来源，如矿产资源、土地资源、水资源、动植物资源等。目前中国的资源税征税范围较窄，仅选择了部分级差收入差异较大、资源较为普遍、易于征收管理的矿产品和盐列为征税范围。随着中国经济的快速发展，对自然资源的合理利用和有效保护将越来越重要，因此，资源税的征税范围应逐步扩大。

2. 实行差别税额从量征收

中国现行资源税实行从量定额征收，一方面税收收入不受产品价格、成本和利润变化的影响，能够稳定财政收入；另一方面有利于促进资源开采，降低企业成本，提高经济效益。同时，资源税按照“资源条件好、收入多的多征；资源条件差、收入少的少征”的原则，根据矿产资源等级分别确定不同的税额，以有效地调节资源级差收入。

（五）行为税法律制度

行为税是以某种特定行为的发生，对行为人加以课税为目的的一种税。包括环境保护税、契税、印花税、城市维护建设税、车辆购置税、土地增值税、耕地占用税、船舶吨税等。

行为税的征税对象，是国家税法规定的，除商品流转、劳务收入、收益、所得、财产占有、特定目的、资源开采和占用等行为之外的其他各种应税行为。如中国现行的屠宰税、印花税、筵席税等。行为税包括的税种较多，各个税种的具体课征对象差异甚大，所以此类税收中各税种的课征制度也不大相同。

【风险提示】

有关税收的事项由法律规定，在税收征管等各环节的实行必须按照法律的规定进行。

【相关案例】

沈阳市国家税务局第二稽查局与辽宁万鑫药业有限公司处罚纠纷案

原告辽宁万鑫药业有限公司成立于1999年11月，主要经营药品批发。被告沈阳市国家税务局第二稽查局根据国家税务总局“703”专案组会议精神及工作安排意见，就审计署转来的相关证据（审计工作底稿显示：审计署人员通过采集沈阳市食品药品监督管理局的药品检测数据、辽宁省国家税务局认证数据和销项发票数据进行分析及原告的资金流向）及审计署移交的审计工作底稿、企业账簿及原始凭证，以及沈阳市公安局经济犯罪侦查支队调查核实的证据，并经被告调查取证，认定原告于2010年1月至2012年3月期间未从金贸公司购进过由新马公司生产的开顺，但却接受金贸公司开具的货物名称为开顺的增值税专用发票701组，不含税金额为66251950.73元，税额11262831.87元，价税合计77514782.60元。2017年3月1日向原告作出沈国税稽二罚（2017）11号税务行政处罚决定书，对原告处以11262831.87元的罚款。对此，原告进行起诉。

一审法院判决撤销被告沈阳市国家税务局第二稽查局于2017年3月1日作出的沈国税稽二罚（2017）11号税务行政处罚决定书。被告对一审判决不服并提出上诉，经审理，二审法院依据《中华人民共和国税收征收管理法》第3条、第5条、第14条，《中华人民共和国税收征收管理法实施细则》第9条，《税务稽查工作规程》第2条、第18条，《国家税务总局关于稽查局职责问题的通知》（国税函〔2003〕140号）的规定，上诉人具有税收征管职权的法定职权，其有权作出涉诉的税务行政处罚决定，原审法院对此认定正确。但是，本案中，上诉人根据国家税务总局“703”专案组会议精神及工作安排意见，就审计署驻沈阳特派员办事处转来的相关证据及审计署移交的审计工作底稿、企业账簿及原始凭证等确认被上诉人于2010年1月至2012年3月期间未从金贸公司购进过由新马公司生产的开顺，但却接受金贸公司开具的货物名称为开顺的增值税为依据对被上诉人作出涉案处罚决定。二审法院认为，依据上诉人提供的现有证据不足以证明其认定的处罚事实，因此原审法院以被诉处罚决定认定事实不清，证据不足，予以撤销涉案处罚决定结论正确。故二审法院认为依据现有证据，上诉人的上诉理由不能成立，依照《中华人民共和国行政诉讼法》第89条第1款第1项之规定，驳回上诉，维持原判。

【法条指引】

中华人民共和国税收征收管理法（节录）

第三条 税收的开征、停征以及减税、免税、退税、补税，依照法律的规定执行；法律授权国务院规定的，依照国务院制定的行政法规的规定执行。

任何机关、单位和个人不得违反法律、行政法规的规定，擅自作出税收开征、停征以及减税、免税、退税、补税和其他同税收法律、行政法规相抵触的决定。

第四条 法律、行政法规规定负有纳税义务的单位和个人为纳税人。

法律、行政法规规定负有代扣代缴、代收代缴税款义务的单位和个人为扣缴义务人。

纳税人、扣缴义务人必须依照法律、行政法规的规定缴纳税款、代扣代缴、代收代缴税款。

第五条 国务院税务主管部门主管全国税收征收管理工作。各地国家税务局和地方税务局应当按照国务院规定的税收征收管理范围分别进行征收管理。

地方各级人民政府应当依法加强对本行政区域内税收征收管理工作的领导或者协调，支持税务机关依法执行职务，依照法定税率计算税额，依法征收税款。

各有关部门和单位应当支持、协助税务机关依法执行职务。

税务机关依法执行职务，任何单位和个人不得阻挠。

第六条 国家有计划地用现代信息技术装备各级税务机关，加强税收征收管理信息系统的现代化建设，建立、健全税务机关与政府其他管理机关的信息共享制度。

纳税人、扣缴义务人和其他有关单位应当按照国家有关规定如实向税务机关提供与纳税和代扣代缴、代收代缴税款有关的信息。

第六章

社会法律制度

社会法是在国家干预社会生活过程中逐渐发展起来的一个法律门类，所调整的是政府与社会之间、社会不同部门之间的法律关系。社会法是调整劳动关系、社会保障、社会福利和特殊群体权益保障等方面关系的法律规范的总和。主要是保障劳动者、失业者、丧失劳动能力的人和其他需要扶助的人的权益。社会法的目的在于从社会整体利益出发，对上述各种人的权益实行必要的、切实的保障。它包括劳动用工、工资福利、职业安全卫生、社会保险、社会救济、特殊保障等方面的法律。

第一节　社会法的基本原则

【规则要点】

社会法是旨在保障社会的特殊群体和弱势群体的权益的法律，包括劳动法、劳动合同法、工会法、未成年人保护法、老年人权益保护法、妇女权益保障法、残疾人保障法、矿山安全法、红十字会法、公益事业捐赠法、职业病防治法。因此，在适用的过程中，要坚持权利保障普遍原则、适度保障原则、平等性原则、向弱势群体倾向的原则。

【理解与适用】

法的基本原则，是指对实现法的任务和作用一般起指导作用的规范内容。法律规范是具体的，基本原则是抽象的。法律规范是将基本原则具体化；基本原则是将法律规范抽象化和概括化。

社会法的基本原则可以归纳为以下几种。

一、权利保障普遍原则

权利保障普遍原则，是指权利保障的对象应该包括社会全体成员，所有成员之间应该是平等的，应受到一视同仁的对待。权利保障的对象是全体民众而非个体、部分。坚持这一原则是社会法自身的要求。凡是符合保障条件的对象，都可依据社会法有权要求得到保障。生存保障是社会法的最根本依据，客观上每个成员都有可能受到生存的威胁，他们都是社会法提供权利保障范围的对象。

二、适度保障原则

适度保障原则，主要是指权利保障水平应与社会自身的经济发展水平相适应。一个社会能提供的社会保障水平受经济规模与经济发展水平、社会结构、人口结构、历史、政治、社会保障历史建制长度等因素的制约。在适度区域内的社会保障水平客观上可以促进经济社会自身的发展，过高或过低的保障水平都会对社会产生不利的影响，从而反过来影响社会保障的可持续性。判断一个社会提供的社会保障水平是否适度的标准是社会保障制度是否有助于实现自身的良性发展，能否促进国民经济的进一步发展，能否持续保障公民的某种程度的生活水平。判断适度需要考虑的主要因素包括：社会保障制度提供给需要社会保障的成员经济生活水平是否能够抵御不可抗拒的社会风险；提供保障的支出能力是否与社会发展水平相适应且国民经济的各个方面能否接受；是否有助于促进就业和统一的劳动力市场形成。社会保障水平是动态变化的，它随着社会人口的变化、社会制度的成熟和社会生产力水平变动而变动。

三、平等性原则

权利保障平等性原则的主要含义是反对歧视。它要求在社会法适用范围内的所有对象，都能在不受歧视的情况下平等普遍地适用法律，尤其是享受权利的公民更不应该受到任何歧视。普遍性原则是从义务主体的角度要求义务主体在提供相应保障给权利主体时所应当遵循的要求，平等性原则是从权利主体的角度要求义务主体在提供相应保障给权利主体时，权利主体之间所享有的机会、条件及保障是没有差别的，同等状况受到同等对待。

四、向社会弱势群体倾斜原则

社会法的立法应向弱势群体倾斜。事实上，目前的社会存在着许多种类的处于相对弱势地位的人群，如果完全按照民法的原则进行交易，则会损害他们的合法利益，甚至威胁到他们的生存。因此，社会法通过加大保护，以维护这部分群体的利益。比如在劳动领域，制定最低工资标准、劳动安全卫生标准等。

【风险提示】

社会法的立法目的在于倾向保护弱势群体，因此，在适用社会法时，首先要区分弱势群体是哪一方，此种环境下的弱势群体在其他条件下并非弱势群体。

【相关案例】

彭某某、范某某与坝心中学责任纠纷案

范某甲系坝心中学初二学生。彭某某、范某某系范某甲父母，系个体工商户。吴某系范某甲所属2018级1班班主任。2017年3月23日及24日，范某甲不参加学校安排的劳动。后家长与老师约定家长来校商量道歉事宜，3月26日晚自习吴某进教室，看见范某甲和同学嘻嘻哈哈，认为其学习态度不端正，加之范某甲家长又未按约定到校，认为家长不负责任很生气，就对范某甲说："你辱骂老师还是不是学生？既然不是就没有资格坐学校配发的桌子。"范某甲依然坐着，吴某叫两个学生帮忙抬走了范某甲的桌子和板凳，并叫范某甲出去，不然就要叫值周教师。范某甲离开学校后，吴某随后打电话给范某某告诉此事。3月28日、29日范某甲正常到校上课。3月29日晚11时15分左右，范某甲姐姐范某乙发现范某甲呕

吐，并见地上有“敌敌畏”农药瓶。范某甲被送到坝心镇中心卫生院，经抢救无效死亡。另查明，范某甲喜欢并经常看日本动漫《从零开始的异世界生活》并效仿。范某甲自己创作的动漫故事及部分日记，反映出其长期沉迷动漫，也流露出对家庭环境的不满。课本许多地方书写动漫人物蕾姆的名字，流露出对蕾姆的迷恋。

为此，彭某某、范某某将该中学诉之法院。法院经审理认为，坝心中学及班主任老师吴某在教育管理中有行为失当之处，损害了范某甲的人格尊严，造成了其心理阴影和压力，对范某甲自杀结果的发生负有一定过错责任。范某甲自身的心理障碍是导致其轻生自杀的直接和主要原因。彭某某、范某某未认真履行监护职责，应承担一定民事责任。

【法条指引】

中华人民共和国残疾人保障法（节录）

第三条 残疾人在政治、经济、文化、社会和家庭生活等方面享有同其他公民平等的权利。

残疾人的公民权利和人格尊严受法律保护。

禁止基于残疾的歧视。禁止侮辱、侵害残疾人。禁止通过大众传播媒介或者其他方式贬低损害残疾人人格。

第四条 国家采取辅助方法和扶持措施，对残疾人给予特别扶助，减轻或者消除残疾影响和外界障碍，保障残疾人权利的实现。

第五条 县级以上人民政府应当将残疾人事业纳入国民经济和社会发展规划，加强领导，综合协调，并将残疾人事业经费列入财政预算，建立稳定的经费保障机制。

国务院制定中国残疾人事业发展纲要，县级以上地方人民政府根据中国残疾人事业发展纲要，制定本行政区域的残疾人事业发展规划和年度计划，使残疾人事业与经济、社会协调发展。

县级以上人民政府负责残疾人工作的机构，负责组织、协调、指导、督促有关部门做好残疾人事业的工作。

各级人民政府和有关部门，应当密切联系残疾人，听取残疾人的意见，按照各自的职责，做好残疾人工作。

中华人民共和国未成年人保护法（节录）

第五条 保护未成年人的工作，应当遵循下列原则：

（一）尊重未成年人的人格尊严；

（二）适应未成年人身心发展的规律和特点；

（三）教育与保护相结合。

第六条 保护未成年人，是国家机关、武装力量、政党、社会团体、企业事业组织、城乡基层群众性自治组织、未成年人的监护人和其他成年公民的共同责任。

对侵犯未成年人合法权益的行为，任何组织和个人都有权予以劝阻、制止或者向有关部门提出检举或者控告。

国家、社会、学校和家庭应当教育和帮助未成年人维护自己的合法权益，增强自我保护的意识和能力，增强社会责任感。

第二节 劳动法律制度

【规则要点】

劳动法主要规定了用人单位与劳动者之间的法律关系，具体包括劳动者享有的权利和应尽的义务，以及与用人单位发生纠纷时的解决方式。

【理解与适用】

一、劳动法概述

劳动法是调整劳动关系以及与劳动关系密切联系的其他社会关系的法律规范的总和。劳动法分为广义的劳动法和狭义的劳动法。

狭义的劳动法是指1995年1月1日起正式生效的《中华人民共和国劳动法》。这部劳动法是中华人民共和国成立以来第一部完备的劳动法律，在中华人民共和国境内有普遍的法律效力。广义的劳动法是指由国家权力机关颁布的关于调整劳动关系以及与劳动关系密切联系的其他社会关系的法律规范的总和，主要包括劳动法律、劳动行政法规、劳动规章、地方性劳动法规和劳动规章以及其他规范性文件等。

二、劳动法的基本内容

劳动法的内容主要包括：劳动就业制度的规定、劳动合同的规定、关于集体合同的签订与执行办法、工作时间和休息时间制度、工资方面的规定、劳动安全与卫生的各项规程、女职工与未成年工的特殊保护办法、职业培训的法规、社会保险与福利制度、劳动争议处理制度、有关执行劳动法的检查监督制度、违反劳动法的法律责任。上述一系列有关调整劳动关系的法律、法规、规章构成了劳动法的完整体系。

三、劳动者的权利及其义务

劳动者的权利义务构成了劳动法律关系的实质内容，同时也就规定了用人单位的权利义务内容，是劳动者的权利，就是用人单位的义务；是用人单位的权利，就是劳动者的义务。这是法律关系中权利义务对等现象在劳动关系中的体现。

（一）劳动者的基本劳动权利

劳动者的基本劳动权利主要包含以下内容：

1. 平等就业和选择职业的权利；
2. 取得劳动报酬的权利；
3. 享有休息休假的权利；
4. 获得劳动安全卫生保护的权利；
5. 接受职业技能培训的权利；
6. 享有社会保险和福利的权利；
7. 享有提请劳动争议处理的权利；
8. 享有民主管理企业的权利；
9. 与用人单位平等协商的权利；
10. 签订集体合同的权利；
11. 享有依法参加和组建工会的权利。

（二）劳动者的基本劳动义务

劳动者的基本劳动义务包含以下内容：

1. 积极完成劳动的义务；
2. 认真执行劳动安全卫生规程；
3. 不断提高劳动技能；
4. 严格遵守劳动职业纪律；
5. 严格遵守职业道德。

四、劳动争议的处理制度

劳动争议是指劳动者与用人单位之间因劳动权利义务关系所发生的争议。或者说劳动争议是指劳动关系的当事人双方，由于对相互之间权利义务关系的要求不一致而发生的争议，即劳动关系双方当事人因实现劳动权利和履行劳动义务而发生的纠纷。劳动争议的主体必须是劳动关系当事人，一方是用人单位及其团体，另一方则是与用人单位建立劳动关系的劳动者或其团体。

依据中国相关法律规定，发生在国家机关、企事业单位、社会团体与本单位工人之间争议和个体工商户与帮工、学徒之间发生的有关劳动的争议，皆属于劳动争议处理的范围。中国劳动争议的处理机构包括：企业的劳动争议调解委员会，基层人民调解组织，乡镇、街道劳动争议调解委员会和人民法院。

根据我国劳动法第 77 条规定："用人单位与劳动者发生劳动争议，当事人可以依法申请调解、仲裁、提起诉讼，也可以协商解决。调解原则适用于仲裁和诉讼程序。"因此，中国解决劳动争议的途径为协商、调解、仲裁和诉讼。诉讼是劳动争议的最后解决方式。

（一）协商

由于劳动争议的当事人分别为用人单位和该单位的职工，因此协商是处理劳动合同争议的首要选择，这有利于争议双方自愿达成协议，消除双方争议，加强团结。但双方自愿协商并不是劳动争议解决的必经方式。如果协商不成或不愿协商，双方可以采取向本企业的劳动争议调解委员会申请调解等方式解决劳动争议。

（二）调解

劳动争议调解委员会的调解是解决劳动争议的一个非常有效且能改善争议双方当事人关系的方式。在处理劳动争议过程中，企业劳动争议调解委员会占有十分重要的地位。调解和协商一样，完全是靠当事人自觉、自愿达成协议且依赖当事人自我约束来实际履行，不具有强制力。同样，调解和协商也并不是解决劳动争议的必经途径。当事人不愿意协商和调解，也可以直接向劳动争议仲裁委员会申请仲裁。

（三）仲裁

劳动争议的仲裁是解决劳动争议的重要手段，它既具有解决劳动争议灵活、快捷的特点，又具有诉讼一样的强制性。中国的劳动争议仲裁制是具有强制性、可诉式的一裁终裁制。强制性是指仲裁是解决劳动争议的必经途径，只有经过仲裁了，才可以向人民法院提起诉讼。一旦劳动争议当事人不服仲裁裁决，争议的解决途径就是还可以向人民法院提起诉讼。选择仲裁并不排斥诉讼，但选择诉讼必先经过仲裁，即所谓仲裁是劳动争议诉讼的前置条件。需要指出的是，不是所有裁决当事人都可以提起诉讼。

（四）诉讼

劳动争议调解仲裁法第 5 条规定，发生劳动争议，当事人不愿调解、调解不成或者达成调解协议后不履行的，可以向劳动争议仲裁委员会申请仲裁；对仲裁裁决不服的，除本法另有规定的外，可以向人民法院提起诉讼。这里的另有规定，是指该法第 47 条、第 48 条的规定，即：下列劳动争议，除本法另有规定的外，仲裁裁决为终局裁决，裁决书自作出之日起发生法律效力：（1）追索劳动报酬、工伤医疗费、经济补偿或者赔偿金，不超过当地月最低工资标准 12 个月金额的争议；（2）因执行国家的劳动标准在工作时间、休息休假、社会保险等方面发生的争议。但劳动者对第 47 条规定的仲裁裁决不服的，可以自收到仲裁裁决书之日起 15 日内向人民法院提起诉讼。

【风险提示】

虽然劳动法规定了劳动者与用人单位之间的权利义务法律关系，但是并非所有的劳动者与用人单位之间的法律关系都适用劳动法，例如公务员与用人机关之间的法律关系适用公务员法。因此，在适用该法前，应首先查明法律对于劳动者与用人单位之间的法律关系是否有特殊规定。

【相关案例】

柳州市华明建筑工程劳务有限公司诉杨某某劳动争议案

原告柳州市华明建筑工程劳务有限公司（简称“华明劳务公司”）于2006年4月28日在柳州市注册成立。柳铁建筑安装公司将宜山站区120户职工住宅工程分包作业分包给原告，合同期为2008年6月1日至2008年10月30日（双方没有注明签订合同地点及时间）。合同书中确认陈某某为柳铁建筑安装公司委派的项目经理；易某某为华明劳务公司委派的劳务队长。2008年8月16日，被告杨某某经他人介绍后由易某某安排到宜山站区职工住宅工程5#楼工地从事泥水工，双方未签订劳动合同。2008年8月19日上午，杨某某在该楼一层单元南面一号厅上砖，从地面上搬砖放在自己架设的脚手架上，放好二层砖后，就蹲在脚手架上休息，10分钟左右，在其起身时不慎将脚手架碰倒，导致脚手架坍塌将其压倒。2009年7月19日，被告杨某某向宜州市劳动争议仲裁委员会申请劳动仲裁，要求确认其与华明劳务公司之间存在劳动关系。2010年5月12日，宜州市劳动争议仲裁委员会裁决原、被告存在事实劳动关系。原告不服，提起诉讼，请求法院判决确认原、被告之间不存在劳动关系。

一审法院认定存在事实劳动关系。原告不服，提起上诉。二审法院认为：柳铁建筑安装公司与华明劳务公司签订的《建设工程施工劳务分包合同》，乙方华明劳务公司及法定代表人谢某某均在合同上盖章，还有劳务队长易某某在合同上签字，由此可见，易某某对外是职务行为，其产生的后果由法人承担。华明劳务公司在履行合同过程中，其劳务队长易某某招用杨某某，并安排杨某某到宜山站区（新火车站区）职工住宅工程5#楼工地从事泥水工，虽未签订劳动合同，但形成事实上的劳动关系。因此，驳回上诉，维持原判。

【法条指引】

中华人民共和国劳动法（节录）

第三条 劳动者享有平等就业和选择职业的权利、取得劳动报酬的权利、休息休假的权利、获得劳动安全卫生保护的权利、接受职业技能培训的权利、享受社会保险和福利的权利、提请劳动争议处理的权利以及法律规定的其他劳动权利。

劳动者应当完成劳动任务，提高职业技能，执行劳动安全卫生规程，遵守劳动纪律和职业道德。

第四条 用人单位应当依法建立和完善规章制度，保障劳动者享有劳动权利和履行劳动义务。

第七条 劳动者有权依法参加和组织工会。

工会代表和维护劳动者的合法权益，依法独立自主地开展活动。

第八条 劳动者依照法律规定，通过职工大会、职工代表大会或者其他形式，参与民主管理或者就保护劳动者合法权益与用人单位进行平等协商。

第七十九条 劳动争议发生后，当事人可以向本单位劳动争议调解委员会申请调解；调解不成，当事人一方要求仲裁的，可以向劳动争议仲裁委员会申请仲裁。当事人一方也可以直接向劳动争议仲裁委员会申请仲裁。对仲裁裁决不服的，可以向人民法院提起诉讼。

第八十条 在用人单位内，可以设立劳动争议调解委员会。劳动争议调解委员会由职工代表、用人单位代表和工会代表组成。劳动争议调解委员会主任由工会代表担任。

劳动争议经调解达成协议的，当事人应当履行。

第三节　社会保障法律制度

【规则要点】

社会保障法是在公民面临生活困难时对其进行物质帮助，以保障其生活需要的法律制度。基于此，社会保障法具有社会性、法定性、实体与程序相统一的特点。目前，中国社会保障法以社会保险为主，其中，五险是社会保险的核心内容，具体包括养老、医疗、失业、工伤和生育保险。

【理解与适用】

一、社会保障法概述

社会保障是指国家立法强制规定的，由国家和社会出面实行的，对公民在年老、疾病、伤残、失业、死亡、面临生活困难时给予物质帮助，以保障公民及其家庭基本生活需要并根据社会经济的发展逐步提高生活水平的制度。

中国社会保障的主要内容包括社会保险、社会福利、社会优抚、社会救助等。经过多年努力，中国初步形成了以城镇职工社会保险（即养老保险、医疗保险、失业保险、工伤保险和生育保险，简称五险）、城镇居民最低生活保障和农村社会保障为主要内容的社会保障体系。

社会保障法是调整社会保障关系的法律规范，是在调整国家、社会和社会成员之间，在保障社会成员或者特殊群体基本生活及发展的权利的活动中所产生的社会保障关系的法律规范的总称。

社会保障法律制度具有以下特征。

（一）社会性

社会保障法是典型的社会法，因而社会性是社会保障法最主要的特征。

社会保障法律制度的社会性表现在：第一，以社会利益为根本目的。社会保障法律制度以社会利益为根本诉求，保障社会全体成员的生活安全是其根本宗旨。第二，权利主体的普遍性。社会保障的对象是全体社会成员。只要符合享受社会保障待遇的相关条件，任何社会成员都可以享受相关社会保障待遇。随着经济的发展，可以享受保障的成员数目及可享受的社会保障项目会越来越多，享受的社会保障待遇越来越高。第三，社会保障责任和义务的社会化。社会保障通过立法，采取国家、用人单位和社会成员共同负担的方式，将责任和义务分散到整个社会，以资金来源的多渠道来保证社会保障的正常运转。

（二）严格的法定性

社会保障法作为社会法，其不同于私法的意思自治。它带有明显的法定性。从社会保障经费的征收到社会保障经费的管理、发放，都必须有明确的法律规定，任何单位和个人不能任意更改。

（三）实体法与程序法的相互统一性

实体法和程序法是一种互为依存的关系，有一定的实体法，就有与之对应的程序法，如民法与民事诉讼法、刑法与刑事诉讼法。社会保障法则不然，其既有实体性法律规范，又有程序性法律规范，并非具有单一特性的实体法或程序法。之所以如此，其原因在于社会保障法所调整关系的复杂性。例如工伤保险条例，既有权利主体所享受的权利义务的实体规定，又有权利主体资格认定以及相应的程序性规定。

二、养老保险法律制度

人口老龄化在世界各国日趋明显，中国人口老龄化问题亦开始凸显，老龄化进程加快。完善保障老年人各项权利尤其是社会保险权利成为现代社会文明进步的标志。因此，养老保险普遍被各国作为重要的社会保障制度，中国也建立了相应的养老保险制度。

我国宪法第 44 条规定："国家依照法律规定实行企业事业组织的职工和国家机关工作人员的退休制度。退休人员的生活受到国家和社会的保障。"第 45 条第 1 款规定："中华人民共和国公民在年老、疾病或者丧失劳动能力的情况下，有从国家和社会获得物质帮助的权利。国家发展为公民享受这些权利所需要的社会保险、社会救济和医疗卫生事业。"

根据宪法的这些规定，中国建立了以宪法相关规定为统领、劳动法等法律法规为主体的养老保险法律制度。1978 年 6 月，经全国人大常委会批准，国务院发布了两个重要法规：《国务院关于工人退休、退职的暂行办法》和《国务院关于安置老弱病残干部的暂行办法》。改革开放后，中国在养老保险领域主要进行了三个方面的改革和完善：第一是统筹养老基金；第二是扩大覆盖面；第三是统一基本养老保险制度。统筹养老金首先是从企业开始的。1982 年开始试点将企业的养老金由自筹改为社会统筹，1984 年在全国普遍推行。1992 年农业部颁布了《乡镇企业职工养老保险办法》，劳动部发出了《劳动部关于全民所有制企业职工实行基本养老保险基金省级统筹的意见的通知》。1991 年 6 月，国务院发布了《国务院关于企业职工养老保险制度改革的决定》，根据该决定，1993 年 7 月劳动部制定了《企业职工养老保险基金管理规定》，明确了企业职工养老金的征集、支付和管理。此外，国务院还发布了四个重要文件：《国务院关于深化企业职工养老保险制度改革的通知》（1995 年 3 月）、《国务院关于建立统一的企业职工基本养老保险制度的决定》（1997 年 7 月）、《国务院关于实行企业职工基本养老保险省级统筹和行业统筹移交地方管理有关问题的通知》（1998 年 8 月）和《社会保险费征缴暂行条例》（1999 年 1 月）。至此，中国的企业养老保险制度基本确定。

另外，为了使中国农村地区也能享受到养老保险待遇，2009 年，国务院发布了《国务院关于开展新型农村社会养老保险试点的指导意见》，在部分农村地区进行了养老保险试点。

（一）养老保险的特点

中国养老保险制度具有以下特点：

1. 由国家立法强制参加

中国法律明确规定，企业单位和个人都必须参加养老保险，符合养老条件的人就可向社会保险部门领取养老金。

2. 养老保险费用来源分散筹集

养老保险费一般由国家、单位和个人三方承担，单位和个人按照一定比例按月交纳。

3. 养老保险管理专业化

由于养老保险影响范围大，费用支出庞大，享受人员多且时间较长，具有广泛的社会性。因此，国家设置专门机构，对养老保险实行现代化、专业化、社会化的统一规划和管理。

4. 养老保险待遇给付具有持续性

养老保险金在被保险人退休后直至死亡都是持续性地给付。生育保险、医疗保险则是一次性地给付。

5. 养老保险应对风险的确定性

劳动者因年老退出工作岗位需要社会保障是可以预测并必然发生的现象，因此，每个人都需要养老保险，以保证自己晚年的基本生活需要。

（二）养老保险的基本内容

中国的养老保险制度主要分为三大相对独立的部分，即基本养老保险制度、补充养老保险制度和农村养老保险制度。

1. 基本养老保险制度

基本养老保险制度，是根据法律的规定用人单位和劳动者依法缴纳保险费用，劳动者在退休或者退出劳动岗位后，依法从社会保险经办机构领取养老保险待遇的制度。关于基本养老保险的法律法规主要有劳动法、社会保险法、劳动合同法、《社会保险费征缴暂行条例》等。

根据中国的法律法规，基本养老保险实行普遍性原则和强制性原则，因此基本养老保险的适用范围极其广泛。主要包括以下几类主体：

第一，用人单位及其职工。用人单位包括企业、个体经济组织、民办非企业单位等组织、国家机关、事业单位、社会团体等，职工则是与上述用人单位建立劳动关系的劳动者。这里的劳动关系既包括长期劳动合同关系，也包括短期或者临时劳动合同关系。

第二，实行企业化管理的事业单位及其职工。劳动合同法施行前，此类事业单位及其工作人员主要适用机关、事业单位养老保险制度，不参与城镇职工基本养老保险。在该法施行后，根据规定除法律、行政法规或者国务院另有规定外，此类事业单位及其工作人员都应适用劳动合同法的规定，应参加城镇职工基本养老保险。

第三，无雇工的个体工商户、未在用人单位参加基本养老保险的非全日制从业人员以及其他灵活就业人员。社会保险法明确规定，上述人员可以参加基本养老保险，并由个人缴纳基本养老保险费。

另外，社会保险法还规定，公务员和参照公务员法管理的工作人员养老保险的办法由国务院规定。

2. 补充养老保险制度

企业补充养老保险也叫企业年金，是指在国家基本养老保险的基础上，依据国家政策和本企业经济状况建立的、旨在提高职工退休后生活水平的一种养老保险制度，是基本养老保险制度的重要补充。2004 年中国颁布了《企业年金试行办法》和《企业年金基金管理试行办法》，这表明企业年金制度已走上了法治化、规范化的道路。

企业年金基金由下列各项组成：企业缴费；职工个人缴费；企业年金基金投资运营收益。企业年金所需费用由企业和职工个人共同缴纳。企业缴费每年不超过本企业上年度职工工资总额的 1/12，并按照企业年金方案规定比例计算的数额计入职工企业年金个人账户。职工个人缴费额计入本人企业年金个人账户。

职工在达到国家规定的退休年龄时，可以从本人的企业年金个人账户中一次或定期领取企业年金。但是，如果职工未达到国家规定的退休年龄的，不得从个人账户中提前提取资金。出境定居人员的企业年金个人账户资金，可根据本人要求一次性支付给本人。职工或退休人员死亡后，其企业年金个人账户余额由其指定的受益人或法定继承人一次性领取。

3. 农村养老保险制度

农村养老保险，是指以农村非城镇户籍的居民为保险对象的养老保险制度。社会保险法规定，国家建立和完善新型农村社会养老保险制度，并就新型农村社会养老保险基金的来源、享受条件和领取方式作了原则规定。

三、医疗保险法律制度

医疗保险是指人们因为生病或非因工负伤需要治疗时，由国家或社会为其提供必要的医疗服务及物质帮助的一种社会保险法律制度。中国20世纪50年代初建立的公费医疗和劳保医疗统称为职工医疗保险，它是国家社会保障制度的重要组成部分，也是社会保险的重要项目之一。

（一）城镇职工基本医疗保险制度

根据社会保险法、《社会保险费征缴暂行条例》以及《国务院关于完善企业职工基本养老保险制度的决定》等的规定，中国城镇职工基本医疗保险制度主要包括以下内容。

1. 适用范围

根据社会保险法的规定，职工基本医疗保险的覆盖范围包括城镇所有用人单位及其职工，如企业、机关、事业单位、社会团体、民办非企业单位及其职工。

无雇工的个体工商户、未在用人单位参加职工基本医疗保险的非全日制从业人员以及其他灵活就业人员可以参加职工基本医疗保险，由个人按照国家规定缴纳基本医疗保险费。

2. 基本医疗保险基金的筹集

基本医疗保险费由用人单位和职工共同缴纳，用人单位缴费率应控制在职工工资总额的6%左右，职工缴费率一般为本人工资收入的2%。随着经济发展，用人单位和职工缴费率可作相应调整。参加职工基本医疗保险的个人，达到法定退休年龄时累计缴费达到国家规定年限的，退休后不再缴纳基本医疗保险费。

3. 基本医疗保险待遇的给付

参保人员医疗费用中应当由基本医疗保险基金支付的部分，主要是指符合基本医疗保险药品目录、诊疗项目、医疗服务设施标准以及急诊、抢救的医疗费用，由社会保险经办机构与医疗机构、药品经营单位直接结算。也就是说，这部分费用不用参保人员自己先行垫付。这无疑是一个巨大进步，极大地方便了参保人员。同时，社会保险行政部门和卫生行政部门还应当建立异地就医医疗费用结算制度，方便参保人员享受基本医疗保险待遇。

（二）新型农村合作医疗保险制度

新型农村合作医疗保险制度，是由政府组织、引导、支持，农民自愿参加，个人、集体和政府多方筹资，以大病统筹为主的农民医疗互助共济制度。社会保险法原则性规定，国家建立和完善城镇居民社会养老保险制度。由省、自治区、直辖市人民政府根据实际情况，可以将城镇居民社会养老保险和新型农村社会养老保险合并实施。

农村居民是新型农村合作医疗保险的主要覆盖人群。农民以家庭为单位自愿参加新型农村合作医疗。这与其他社会保险如城镇职工基本医疗保险有很大不同。后者是实行强制性原则，而前者必须遵循自愿原则。

新型农村合作医疗制度实行农民个人自愿缴费、集体扶持和政府资助相结合的筹资机制。个人缴费是新型农村合作医疗筹资的基础。除对低保人群实行救助办法外，参加新型农村合作医疗的农村居民都应缴费。

四、工伤保险法律制度

工伤是指劳动者在生产、劳动过程中，因执行职务行为、工作或从事与生产劳动有关的活动，发生意料之外的伤、残、患职业病和死亡等事件。

工伤保险，是指国家和社会给在生产和工作中受到因职业疾病、事故伤害的劳动者提供生活保障、医疗救治、身体康复、职业康复上的经济和物质帮助的一种社会保障制度。即给予劳动者本人或其供养的配偶、直系亲属因劳动者在工作中或法定的特殊情况下发生意外事故，或因职业性有害因素而患病、负伤、致残、死亡时的物质帮助的一项社会保险制度。

根据新修订的《工伤保险条例》规定，中华人民共和国境内的企业、事业单位、社会团体、民办非企业单位、基金会、律师事务所、会计师事务所等组织和有雇工的个体工商户（以下称“用人单位”）应当参加工伤保险，为本单位全部职工或者雇工（以下称“职工”）缴纳工伤保险费。

（一）工伤认定

职工发生事故伤害或者按照职业病防治法规定被诊断、鉴定为职业病，所在单位应当自事故伤害发生之日或者被诊断、鉴定为职业病之日起30日内，向统筹地区社会保险行政部门提出工伤认定申请。遇有特殊情况，经报社会保险行政部门同意，申请时限可以适当延长。

用人单位未按规定提出工伤认定申请的，工伤职工或者其近亲属、工会组织在事故伤害发生之日或者被诊断、鉴定为职业病之日起1年内，可以直接向用人单位所在地统筹地区社会保险行政部门提出工伤认定申请。

工伤认定申请人提供的材料不完整的，社会保险行政部门应当一次性书面告知工伤认定申请人需要补正的全部材料。申请人按照书面告知要求补正材料后，社会保险行政部门应当受理。

社会保险行政部门受理工伤认定申请后，应当自受理之日起60日内作出工伤认定的决定，对事实清楚、权利义务明确的工伤认定申请，应当在15日内作出工伤认定的决定，并书面通知申请工伤认定的职工或者其近亲属和该职工所在单位。社会保险行政部门根据审核需要可以对事故伤害进行调查核实，用人单位、职工、工会组织、医疗机构以及有关部门应当予以协助。

（二）工伤保险待遇

职工享受的工伤待遇主要有以下几种。

1. 工伤医疗期间待遇

职工因工作遭受事故伤害或者患职业病进行治疗，享受工伤医疗待遇。治疗工伤所需费用符合工伤保险诊疗项目目录、工伤保险药品目录、工伤保险住院服务标准的，从工伤保险基金支付。职工住院治疗工伤的伙食补助费，以及经医疗机构出具证明，报经办机构同意，工伤职工到统筹地区以外就医所需的交通、食宿费用从工伤保险基金支付，基金支付的具体标准由统筹地区人民政府规定。工伤职工到签订服务协议的医疗机构进行工伤康复的费用，符合规定的，从工伤保险基金支付。

职工因工作遭受事故伤害或者患职业病需要暂停工作接受治疗的，在停工留薪期内，原工资福利待遇不变，由用人单位支付。工伤职工在停工留薪期满后仍须治疗的，继续享受工伤医疗待遇。

生活不能自理的工伤职工在停工留薪期需要护理的，由所在单位负责。

2. 伤残待遇

工伤职工已经评定伤残等级并经劳动能力鉴定委员会确认需要生活护理的，从工伤保险基金中按月支付生活护理费。生活护理费按照生活完全不能自理、生活大部分不能自理或者生活部分不能自理3个不同等级支付，其标准分别为统筹地区上年度职工月平均工资的50%、40%或者30%。

3. 因工死亡保险待遇

职工因工死亡，其近亲属按照下列规定从工伤保险基金中领取丧葬补助金、供养亲属抚恤金和一次性工亡补助金。

丧葬补助金为6个月的统筹地区上年度职工月平均工资。供养亲属抚恤金按照职工本人工资的一定比例，发给由因工死亡职工生前提供主要生活来源、无劳动能力的亲属。标准为：配偶每月40%，其他亲属每人每月30%，孤寡老人或者孤儿每人每月在上述标准的基础上增加10%。核定的各供养亲属的抚恤金之和不应高于因工死亡职工生前的工资。

一次性工亡补助金标准为上一年度全国城镇居民人均可支配收入的20倍。伤残职工在停工留薪期内因工伤导致死亡的，其近亲属享受上述规定的待遇。

五、失业保险法律制度

失业保险是指国家通过立法强制实行的，由社会集中建立基金，对因失业而暂时中断生活来源的劳动者提供物质帮助的制度。失业保险就是通过社会保险的方式保障非自愿性失业者劳动收入中断后的基本生活。

根据《失业保险条例》的规定，中国失业保险的覆盖范围包括国有企业、城镇集体企业、外商投资企业、城镇私营企业、城镇其他企业及其职工、事业单位及其职工。

根据社会保险法的规定，失业人员符合下列条件的，可以从失业保险基金中领取失业保险金：

（1）失业前用人单位和本人已缴纳失业保险费满1年的；

（2）非因本人意愿中断就业的；

（3）已经进行失业登记，并有求职要求的。

失业人员失业前用人单位和本人累计缴费满1年不足5年的，领取失业保险金的期限最长为12个月；累计缴费满5年不足10年的，领取失业保险金的期限最长为18个月；累计缴费10年以上的，领取失业保险金的期限最长为24个月。重新就业后，再次失业的，缴费时间重新计算，领取失业保险金的期限与前次失业应当领取而尚未领取的失业保险金的期限合并计算，最长不超过24个月。

六、生育保险法律制度

生育保险，是指针对妇女生育的特点，通过国家强制的方式筹集生育保险基金，为怀孕的和分娩的参保妇女因生育子女导致劳动中断和生产保健、医疗的特殊需要而提供给女职工物质帮助的制度，是国家为保护女职工和婴儿权利、重视男女平等以及培养新一代和劳动力再生产的一项社会政策。

生育保险具有明显的性别特征，生育保险的对象主要是女职工。生育保险通过女职工的生育行为将女职工的个人利益、家庭利益同社会利益整体联系起来，因而还具有社会性。

社会保险法规定，职工应当参加生育保险，由用人单位按照国家规定缴纳生育保险费，职工不缴纳生育保险费。

中国生育保险待遇的主要内容包括以下三种。

（一）生育休假

生育休假为90天，其中产前休假为15天。如果难产的，增加产假15天。多胞胎生育的，每多生育一个婴儿的，增加产假15天。女职工怀孕流产的，给予15—30天产假；怀孕满4个月的，给予42天产假。

（二）生育津贴

职工有下列情形之一的，可以按照国家规定享受生育津贴。

（1）女职工生育享受产假；

(2) 享受计划生育手术休假;

(3) 法律法规规定的其他情形。

生育津贴按照职工所在用人单位上年度职工月平均工资计发。

(三) 医疗护理费

医疗护理费主要是指由生育保险承担的与生育有关的医疗费用，如女职工生育的检查费、接生费、手术费、住院费和药费等。

七、社会福利法律制度

中国目前的社会福利是社会保障体系的重要组成部分。社会福利作为国家的一项政策，是指国家、集体或社团为了帮助法定范围内的社会成员解决工作或生活上的困难，或为了满足和提高社会成员的物质文化生活需要给予的现金补贴和各种福利设施的社会保障制度。

中国的国家社会福利制度可以划分为儿童福利、老年人福利、劳动者福利、残疾人福利、妇女福利、住房福利、教育福利、社区福利和财政补贴等。

(一) 未成年人福利

未成年人福利，是指国家为保障未成年人生活和身心健康发展，改善未成年人生活条件而制定的各项福利政策和举办的福利事业。诸如颁布与未成年人有关的教育保护法规，实施未成年人福利津贴，保障未成年人在家庭中的权益和地位；建立儿童公园、儿童剧场、儿童阅览室、儿童娱乐中心、托儿所、儿童保健站、特种教育学校、儿童福利院等。为儿童的个性发展提供优越的心理环境和和谐幸福的家庭，为培养和训练父母具有适应和管教照顾儿童的能力提供帮助，对生活困难家庭的未成年人子女进行补助。

(二) 老年人福利

老年人福利，是指为满足老年人的特别需要提供的社会福利设施和服务项目。包括对老年人的住房、生活上进行照顾等生活和护理上的服务；在医疗保健等方面提供的优待措施；为老年人举办老年大学、老年人俱乐部和娱乐室等娱乐休闲方面的优待措施。

(三) 劳动者福利

劳动者福利，是指在业和失业的劳动者能享受到的社会福利。这种福利与劳动者所在单位和职业性质的经济效益有直接的联系。公务员能够享受到的各种福利是来自国家预算的财政开支，主要包括：为满足文化生活的需要、提高文化素质和身体素质而建立的文体福利设施；为减轻公务员的家务劳动、方便生活获得优惠服务而设立的集体福利设施；公务员的福利津贴等。劳动者能够享受的各种福利包括：为满足劳动者文化生活的需要、提高劳动者的文化素质和身体素质而建立的文体福利设施；为减轻劳动者的家务劳动、方便生活获得优惠服务而设立的集体福利设施；为补助职工的额外生活开支而提供的各种福利津贴等。

（四）残疾人福利

残疾人福利，是指国家和社会为保障残疾人的身心健康，改善残疾人的生活条件等举办的各种福利事业。残疾人是指在生产、生活、学习中因听力、语言、肢体、智力等生理和心理原因具有某种障碍的人，包括盲、聋、哑、肢残、智残等各类人。残疾人福利包括安排残疾人就业，建立残疾人福利院，提供盲人学校、聋哑学校等特殊教育学校等。

（五）妇女福利

妇女福利，是指因妇女的生理和职业特殊需要而提供的社会福利事业。包括为育龄妇女保健、疾病、生育等各种福利津贴。

（六）教育福利

教育福利，是指以免费或低费的方式向所有国民提供教育的机会和条件的社会福利事业。诸如普及义务教育、提供奖学金、提供学生无息贷款等。

（七）住房福利

住房福利，是指国家和集体为劳动者提供的在购买、租赁住房等改善居住条件方面的优惠措施。包括住房公积金制度、廉租房制度、经济适用房制度、租房补贴等。

【风险提示】

社会保障法因其非营利性，在适用时对于法定条件的要求更加严格。

【相关案例】

匡某某与重庆远润建筑劳务公司待遇纠纷上诉案

原告匡某某于2011年3月23日到重庆远润建筑劳务公司（以下简称

“远润公司”）工作，双方未签订劳动合同，远润公司也未为匡某某办理工伤保险登记。同年5月10日，匡某某上班时不慎从钢管架上坠落受伤，随后向重庆市江津区人力资源和社会保障局（以下简称“江津社保局”）申请工伤认定。江津社保局于2011年9月23日作出工伤认定决定书，认定匡某某2011年5月10日受伤属因工受伤。2011年12月21日，重庆市江津区劳动鉴定委员会作出鉴定结论通知书，内容为：伤残玖级，无护理依赖。2012年3月22日，重庆市劳动鉴定委员会再次鉴定，结论同上。其后，匡某某申请劳动仲裁。2012年8月8日，重庆市江津区劳动人事争议仲裁院作出仲裁裁决书解除双方劳动关系。

远润公司不服，向重庆市江津区人民法院提起诉讼。一审法院于2012年12月19日判决：匡某某与远润公司之间的劳动关系于2012年5月12日解除。远润公司不服，向重庆市第五中级人民法院上诉。重庆五中院认为被上诉人匡某某要求上诉人远润公司先行支付的是工伤保险待遇，而享受工伤保险待遇的前提是职工所受事故被依法认定为工伤，故于2013年4月22日判决：驳回上诉，维持原判。

【法条指引】

中华人民共和国社会保险法（节录）

第二条 国家建立基本养老保险、基本医疗保险、工伤保险、失业保险、生育保险等社会保险制度，保障公民在年老、疾病、工伤、失业、生育等情况下依法从国家和社会获得物质帮助的权利。

第十条 职工应当参加基本养老保险，由用人单位和职工共同缴纳基本养老保险费。

无雇工的个体工商户、未在用人单位参加基本养老保险的非全日制从业人员以及其他灵活就业人员可以参加基本养老保险，由个人缴纳基本养老保险费。

公务员和参照公务员法管理的工作人员养老保险的办法由国务院规定。

第二十三条 职工应当参加职工基本医疗保险，由用人单位和职工按照国家规定共同缴纳基本医疗保险费。

无雇工的个体工商户、未在用人单位参加职工基本医疗保险的非全日制从业人员以及其他灵活就业人员可以参加职工基本医疗保险，由个人按照国家规定缴纳基本医疗保险费。

第三十三条 职工应当参加工伤保险，由用人单位缴纳工伤保险费，职工不缴纳工伤保险费。

第四十四条 职工应当参加失业保险，由用人单位和职工按照国家规定共同缴纳失业保险费。

第五十三条 职工应当参加生育保险，由用人单位按照国家规定缴纳生育保险费，职工不缴纳生育保险费。

第九十五条 进城务工的农村居民依照本法规定参加社会保险。

第九十六条 征收农村集体所有的土地，应当足额安排被征地农民的社会保险费，按照国务院规定将被征地农民纳入相应的社会保险制度。

工伤保险条例（节录）

第十四条 职工有下列情形之一的，应当认定为工伤：

（一）在工作时间和工作场所内，因工作原因受到事故伤害的；

（二）工作时间前后在工作场所内，从事与工作有关的预备性或者收尾性工作受到事故伤害的；

（三）在工作时间和工作场所内，因履行工作职责受到暴力等意外伤害的；

（四）患职业病的；

（五）因工外出期间，由于工作原因受到伤害或者发生事故下落不明的；

（六）在上下班途中，受到非本人主要责任的交通事故或者城市轨道交通、客运轮渡、火车事故伤害的；

（七）法律、行政法规规定应当认定为工伤的其他情形。

第十五条 职工有下列情形之一的，视同工伤：

（一）在工作时间和工作岗位，突发疾病死亡或者在 48 小时之内经抢救无效死亡的；

（二）在抢险救灾等维护国家利益、公共利益活动中受到伤害的；

（三）职工原在军队服役，因战、因公负伤致残，已取得革命伤残军人证，到用人单位后旧伤复发的。

职工有前款第（一）项、第（二）项情形的，按照本条例的有关规定享受工伤保险待遇；职工有前款第（三）项情形的，按照本条例的有关规定享受除一次性伤残补助金以外的工伤保险待遇。

第十六条 职工符合本条例第十四条、第十五条的规定，但是有下列情形之一的，不得认定为工伤或者视同工伤：

（一）故意犯罪的；

（二）醉酒或者吸毒的；

（三）自残或者自杀的。

第七章

刑事法律制度

第一节　刑法概述

【规则要点】

刑法的适用具有补充性，只有当其他法律规范不足以保障权利人的合法利益时，才能启动刑法。因此，在适用时要保持谦抑性，遵循罪刑法定、刑法适用平等、罪责刑相适应的基本原则。目前中国的刑法体系是由总则和分则构成，二者是一般和具体的关系，总则主要介绍刑法适用中的共性问题，分则主要规定了各种犯罪的构成要件、相近罪行的区分。其主要内容是犯罪与刑罚两部分。在适用范围上，刑法有时间效力和空间效力之分。

【理解与适用】

一、刑法的概念及特征

刑法是由全国人民代表大会及其常务委员会代表人民的意志制定的、规定犯罪及其法律后果的法律。刑法的表现形式有：刑法典、单行刑法、附属刑法三种。中国现行刑法典是指 1997 年刑法典；单行刑法是规定某一类犯罪及其法律后果或者刑法某一事项的法律；附属刑法是指在经济、行政等非专门刑事法中附带规定的一些关于犯罪与刑罚或追究刑事责任的条款。

刑法有广义和狭义之分，广义刑法包含上述一切形式的刑法，狭义刑法特指刑法典。刑法典也被称为普通刑法，单行刑法和附属刑法被合称为特别刑法。

相对于民法、行政法等法律，刑法有其独有的特征。具体包括：调整范围的广泛性、调整对象的专门性、刑罚制裁的严厉性、刑法发动的补充性和保障性。

二、刑法的体系和解释

（一）刑法的体系

刑法的体系指刑法的组成和结构。中国现行刑法采用大陆法系的法典模式，刑法分为“总则”和“分则”两编，此外还有一条附则。总则与分则的关系是一般与特殊、抽象与具体的关系，二者密切联系、相辅相成，共同组成了刑法规范的体系

（二）刑法的解释

刑法的解释，是指对刑法条文含义的阐明。根据解释的效力，刑法解释可划分为立法解释、司法解释和学理解释。在中国，全国人民代表大会常务委员会对刑法条文的解释属于立法解释。最高人民法院对于法院在审判工作中具体应用刑法问题所作的解释、最高人民检察院对于检察院在检察工作中具体应用刑法问题所作的解释，都属于司法解释。学理解释是指有权对刑法进行立法解释和司法解释的机构之外的机关、团体和个人对刑法条文含义的阐释。

三、刑法的基本原则

（一）罪刑法定原则

刑法第3条规定了罪刑法定原则：“法律明文规定为犯罪行为的，依照法律定罪处刑；法律没有明文规定为犯罪行为的，不得定罪处刑。”

该原则的体现有以下两个方面。

1. 在刑事立法方面，刑法总则规定了犯罪的一般定义、共同构成要件、刑罚的种类、刑罚运用的具体制度等；刑法分则明确规定了各种具体

犯罪的构成要件及其法定刑，为正确定罪量刑提供明确、完备的法律标准。

2. 在刑事司法上，废除了刑事司法类推制度，要求司法机关严格解释和适用刑法，依法定罪处刑。

（二）刑法适用平等原则

刑法第 4 条规定："对任何人犯罪，在适用法律上一律平等。不允许任何人有超越法律的特权。"它意味着对所有的人，不论其社会地位高低、民族、种族、性别、职业、宗教信仰、财产状况如何，在定罪量刑以及行刑的标准上都平等地依照刑法规定处理，不允许有任何歧视或者优待。

（三）罪责刑相适应原则

刑法第 5 条规定："刑罚的轻重，应当与犯罪分子所犯罪行和承担的刑事责任相适应。"

据此，刑法规定的罪责刑相适应原则有两个方面内容。

1. 刑罚的轻重与客观的犯罪行为及其危害结果相适应，就是按照犯罪行为对社会造成的实际危害程度决定刑罚轻重。

2. 刑罚的轻重与犯罪人主观恶性的深浅、再次犯罪危险性的大小相适应。

四、刑法的效力范围

刑法的效力范围是指刑法在空间、时间方面的适用范围。

（一）刑法的空间效力

1. 刑法在中国领域内的效力

根据刑法第 6 条的规定，凡在中国领域内犯罪的，除法律有特别规定的以外，都适用中国刑法。凡在中国船舶或者飞机内犯罪的，也适用中国刑法。犯罪行为或者结果有一项发生在中国领域内的，就认为是在中国领域内犯罪。

所谓"除法律有特别规定的以外"，主要是指刑法第 11 条所规定的"享有外交特权和豁免权的外国人的刑事责任，通过外交途径解决"，我国香港、澳门特别行政区发生的犯罪由当地的司法机构适用当地的刑法。

2. 刑法在中国领域外的效力

中国公民在中国领域外犯罪，适用中国刑法。但是，按照中国刑法规定的最高刑为 3 年以下有期徒刑的，可以不予追究。中华人民共和国国家工作人员和军人在中国领域外犯中国刑法规定之罪的，适用中国刑法。

外国人在中国领域外对中国国家或者公民犯罪，按中国刑法规定的最低刑为 3 年以上有期徒刑的，可以适用中国刑法；但是按照犯罪地的法律不受处罚的除外。

对于中国缔结或参加的国际条约所规定的罪行，中国在承担条约义务的范围内行使刑事管辖权。要么适用中国刑法定罪处刑，要么按照中国参加、缔结的国际条约实行引渡。

（二）刑法的时间效力

1. 生效时间

刑法的生效时间通常有两种方式：公布之后一段时间生效；自公布之日起生效，单行刑法和刑法修正案一般采取这种方式。

2. 失效时间

刑法的失效时间通常也有两种方式：由国家立法机关明确宣布某些法律自何日起失效；自然失效，即新法施行后取代了有关旧法，或者由于原来特殊的立法条件已经消失，旧法自行废止。

3. 刑法溯及力

刑法的溯及力问题，指刑法对于生效以前的行为是否适用的问题。刑法第 12 条对刑法溯及力规定从旧兼从轻原则。即对于现行刑法生效以前的未经审判或者判决尚未确定的行为，适用行为当时有效的法律。但是按照现行有效的法律不认为犯罪或处罚较轻的，适用现行有效的法律。依据行为当时有效法律已经作出的生效判决，继续有效。

【风险提示】

刑法因其适用的特殊性，在适用时一定要区分适用哪一效力规定进行判断，而且，在空间效力问题上，必须按照属地原则、属人原则、保护原则、普遍管辖原则的顺序适用，只有在前一原则不适用的情况下才能适用后一原则。

【相关案例】

田某某、王某某、唐某某、高某某盗窃案

1997年1月中旬，江某某（中国台湾地区台北市人，在逃）约被告人田某某、王某某到大陆盗码并机拨打国际声讯电话，然后收取国际声讯台的退费，由江某某每月付给二人台币5万元。田某某、王某某均同意。尔后江某某出资，由田某某在我国台湾地区购买了一部输码器、一部无线空中侦码器等作案工具，经我国香港地区带到深圳市。同月下旬，田某某在深圳市罗湖区租用锦绣大厦B座19楼E室和25楼F室作为窝点。同年2月11日，被告人唐某某来深圳市，与王某某、江某某同住在上述窝点内。江某某又出资购买作案工具作案。同年3月1日，被告人高某某从北京市来深圳，江某某雇佣唐某某、高某某二人，教会唐某某、高某某用输码器输码和盗打国际声讯电话。

同年3月20日，公安机关接到群众报案，将被告人唐某某、高某某抓获归案。后唐某某带领公安人员又到锦绣大厦将被告人田某某、王某某抓获归案，并缴获所有作案工具。经审讯，4被告人均供述了受江某某雇佣盗打国际声讯电话的犯罪事实。经核算：331个深圳用户被盗打国际声讯电话的话费为人民币580649.38元；移动电话的开户入网费共计人民币1155960元。

深圳中院认为，该4人构成盗窃罪，被告人田某某、王某某、唐某某、高某某等人是共同故意犯罪。在共同犯罪中，田某某、王某某起主要作用，系主犯。根据每个人在共同犯罪中的作用判处了不同刑罚。被告人均未上诉，判决生效。

【法条指引】

中华人民共和国刑法（节录）

第六条 凡在中华人民共和国领域内犯罪的，除法律有特别规定的以外，都适用本法。

凡在中华人民共和国船舶或者航空器内犯罪的，也适用本法。

犯罪的行为或者结果有一项发生在中华人民共和国领域内的，就认为

是在中华人民共和国领域内犯罪。

第七条 中华人民共和国公民在中华人民共和国领域外犯本法规定之罪的，适用本法，但是按本法规定的最高刑为三年以下有期徒刑的，可以不予追究。

中华人民共和国国家工作人员和军人在中华人民共和国领域外犯本法规定之罪的，适用本法。

第八条 外国人在中华人民共和国领域外对中华人民共和国国家或者公民犯罪，而按本法规定的最低刑为三年以上有期徒刑的，可以适用本法，但是按照犯罪地的法律不受处罚的除外。

第九条 对于中华人民共和国缔结或者参加的国际条约所规定的罪行，中华人民共和国在所承担条约义务的范围内行使刑事管辖权的，适用本法。

第十条 凡在中华人民共和国领域外犯罪，依照本法应当负刑事责任的，虽然经过外国审判，仍然可以依照本法追究，但是在外国已经受过刑罚处罚的，可以免除或者减轻处罚。

第二节　犯罪的主要内容

【规则要点】

中国对于犯罪构成采取四要件理论，所以犯罪构成须满足四个要件：犯罪客体、犯罪客观方面、犯罪主体、犯罪主观方面。犯罪客体是被犯罪行为侵害的某种社会利益；犯罪客观方面是犯罪行为的表现；犯罪主体是实施犯罪行为的主体；犯罪主观方面是犯罪主体在实施犯罪行为时的主观心态。故意犯罪的犯罪形态可区分为：犯罪预备、犯罪未遂、犯罪中止。根据所犯罪数的多少，还可分为一罪与数罪。

【理解与适用】

一、犯罪的构成

刑法中规定了多种犯罪，这些犯罪都必须具备四个方面的构成要件：

犯罪客体、犯罪客观方面、犯罪主体、犯罪主观方面。

（一）犯罪客体

犯罪客体是犯罪活动侵害的、为刑法所保护的社会利益。对犯罪客体可按其范围大小划分为三种：一般客体、同类客体和直接客体。

（二）犯罪客观方面

犯罪客观方面是说明犯罪活动外在表现的诸客观事实。它一般包括危害行为、行为对象、行为的危害结果以及犯罪的时间、地点和方法等要素。其中危害行为是一切犯罪构成客观方面的必要要素，其余的则是选择性要素。

1. 危害行为

危害行为可以分为作为与不作为两种。作为是行为人以积极的身体活动实施某种被刑法禁止的行为，绝大多数犯罪都是作为。此外，还有一部分是不作为构成犯罪，但是不作为构成犯罪需要满足一定的条件：行为人负有某种特定的义务；行为人能够履行义务；行为人不履行特定义务，造成或可能造成危害结果。

2. 危害结果

危害结果有广义和狭义之分，广义的危害结果是指犯罪行为所造成的一切损害事实；狭义的危害结果仅指符合犯罪构成要件的结果。危害结果对定罪量刑也有不同的影响：危害结果作为某些犯罪的构成要件；危害结果作为某些犯罪既遂的条件；出现某种危害结果作为对犯罪加重法定刑的条件；发生某种实际损害的可能性作为某些犯罪的构成要件或者某些犯罪既遂的条件。

此外，若要符合刑法规定的犯罪构成，还要求危害行为和危害结果之间存在因果关系。刑法中的因果关系有客观性、相对性、必然性和复杂性等几个特征。

3. 犯罪的时间、地点、方法

任何犯罪行为都是在一定的时间、地点、以一定的方式方法（工具）实施的。但是在一般情况下，刑法对犯罪的时间、地点、方法不作特别的限定，所以它们通常不是犯罪构成客观要件。但是，如果刑法把时间、地点、方法明文规定为某种犯罪的构成条件时，它们就成为构成该罪不可缺少的条件。因此这些条件的有无也就成为区分罪与非罪的标准。例如，刑法第341条第2款就把“禁猎区”（地点）、“禁猎期”（时间）和“使用禁用的工具、方法”规定为非法狩猎罪的客观要件。只有在法律所规定的特定的时间、地点或者使用特定的狩猎工具、方法狩猎的，才构成犯罪。

（三）犯罪主体

犯罪主体包括自然人和单位。刑法对于自然人和单位构成主体规定的要件有所不同。

1. 自然人

自然人若要构成犯罪主体，需要达到刑事责任年龄、具备刑事责任能力。刑法规定，已满16周岁是完全负刑事责任年龄阶段，已满14周岁不满16周岁是相对负刑事责任能力年龄阶段，不满14周岁是完全不负刑事责任年龄。对于刑事责任能力的判定，刑法规定年龄是判断标准，但是对于精神病人、醉酒的人、又聋又哑或者盲人又进行了不同的规定：精神病人在不能辨认或者不能控制自己行为的时候造成危害结果，经法定程序鉴定确认的，不负刑事责任，但是应当责令他的家属或者监护人严加看管和医疗，在必要的时候，由政府强制医疗。尚未完全丧失辨认或者控制自己行为能力的精神病人犯罪的，应当负刑事责任，但是可以从轻或者减轻处罚。而醉酒的人犯罪，应当负刑事责任。对于又聋又哑的人或者盲人犯罪，可以从轻、减轻或者免除处罚。

构成犯罪主体的自然人达到刑事责任年龄、具备刑事责任能力，即是一般主体。但是，在某些犯罪中，对于主体除上述要求外，还要求必须具备特定身份，此为特殊主体。作为特殊犯罪主体的身份只是针对该犯罪的单独实行犯而言的。

2. 单位

单位犯罪，是指公司、企业、事业单位、机关、团体实施的依法应当承担刑事责任的危害社会的行为，单位犯罪只有法律明文规定的才负刑事责任。但是，要注意下列几种特殊情况：个人为进行违法犯罪活动而设立的公司、企业、事业单位实施犯罪的，或者公司、企业、事业单位设立后，以实施犯罪为主要活动的，不以单位犯罪论处；盗用单位名义实施犯罪，违法所得由实施犯罪的个人私分的，依照刑法有关自然人犯罪的规定定罪处罚；以单位的分支机构或者内设机构、部门的名义实施犯罪，违法所得亦归分支机构或者内设机构、部门所有的，应认定为单位犯罪。

单位犯罪的，对单位判处罚金，并对其直接负责的主管人员和其他直接责任人员判处刑罚，即对单位犯罪一般实行“两罚”原则。刑法分则有特别规定只实行“单罚”的，依照规定。

（四）犯罪主观方面

犯罪主观方面，指犯罪主体对其实施的危害社会的行为及其所造成的危害结果所持的心理态度，是追究行为人危害社会行为的刑事责任的主观基础。刑法对犯罪的认定坚持主观罪过责任原则。罪过是犯罪行为人对自己的行为所造成的危害后果所持的故意或者过失的心理态度。犯罪故意分为直接故意和间接故意两种，过失也分为疏忽大意的过失和过于自信的过失两种。

二、故意犯罪的停止形态

（一）犯罪既遂

既遂是犯罪人的行为完整地实现了刑法分则条文所规定的全部犯罪构成的事实。中国犯罪既遂有三种类型：结果犯、行为犯、危险犯。对于犯罪既遂的处罚依照刑法分则的规定进行处罚。

（二）犯罪未遂

犯罪未遂指行为人已经着手实行犯罪，由于犯罪分子意志以外的原因而未得逞的形态。犯罪未遂又可以依据不同的标准进行不同的分类：实行终了的未遂和未实行终了的未遂、能犯的未遂和不能犯的未遂。对于犯罪未遂，可以比照既遂犯从轻或者减轻处罚。

（三）犯罪预备

犯罪预备是行为人为了犯罪，准备工具、制造条件的行为。犯罪预备是行为人还未进行实行行为。对于犯罪预备，可以比照既遂犯从轻、减轻处罚或者免除处罚。

（四）犯罪中止

犯罪中止是行为人在犯罪过程中，自动放弃犯罪或者自动有效地防止犯罪结果发生的形态。犯罪中止可以分为预备阶段的中止、实行阶段的中止。对于犯罪中止，没有造成损害的，应当免除处罚；造成损害的，应当减轻处罚。这里所称的造成“损害”，不得是犯罪既遂结果。如果发生了犯罪既遂的结果，则认为犯罪已然完成，不成立犯罪中止。

三、一罪与数罪

中国通说上确定罪数的标准采取犯罪构成说，即凡是行为人以一个犯意，实施一个行为，符合一个犯罪构成的，就是一罪；凡是以数个犯意，实施数个犯罪行为，符合数个犯罪构成的，就是数罪。

（一）实质的一罪

刑法中有一些貌似数罪、实际是一罪的情况，其主要有继续犯、想象竞合犯、结果加重犯。

1. 继续犯

继续犯是作用于同一对象的一个犯罪行为从着手实行到实行终了，犯罪行为与不法状态在一定时间内同时处于继续状态的犯罪。最典型的是非法拘禁罪。继续犯有三种类型：持有型犯罪，如非法持有毒品罪；不作为犯罪，如拒不执行判决罪；侵犯人身自由罪，如绑架罪等。刑法分则对于继续犯设置了专门法条，规定了具体罪名，确定了相应法定刑，对于继续犯应当依据刑法分则的规定论处，不实行数罪并罚。

2. 想象竞合犯

想象竞合犯指行为人实施一个犯罪行为同时触犯数个罪名的情况。想象竞合犯是实际上的一罪，对其采取“从一重罪处罚”的原则。也就是在犯罪人同时触犯的数个罪名中，选择最重的一罪处罚。

3. 结果加重犯

结果加重犯指实施基本犯罪构成的行为，同时又造成一个基本犯罪构成以外的结果，刑法对其规定较重法定刑的情况。结果加重犯的构成一定以刑法的明文规定为前提。对于结果加重犯的处罚，不实行数罪并罚，因为刑法对其已经规定了较重的法定刑。

（二）法定的一罪

法定的一罪指数个独立的犯罪行为依据刑法的规定作为一罪定罪处罚的情况。主要有结合犯、集合犯。

1. 结合犯

结合犯指两个以上各自独立成罪的犯罪行为，根据刑法的明文规定，结合成另一独立的新罪的犯罪形态。对于结合犯，不实行数罪并罚。

2. 集合犯

集合犯是指行为人以实施不定次数的同种犯罪行为为目的，实施了数个同种犯罪行为，刑法规定作为一罪论处的犯罪形态

（三）处断的一罪

这是数行为犯数罪按一罪定罪处罚的情况。数罪并罚是一般规则，但是有些数罪并罚会不近情理，所以例外情况下不实行数罪并罚。主要有连续犯、牵连犯、吸收犯。

1. 连续犯

连续犯指行为人基于同一或者概括的犯罪故意，连续多次实施犯罪行为，触犯相同罪名的犯罪。连续犯确定的意义有：追诉时效的起算时间、溯及力方面以及“数次加重犯”的认定。

2. 牵连犯

牵连犯指实施某个犯罪，作为该犯罪的手段行为或结果行为又触犯其他罪的情况。对于牵连犯，刑法规定择一重罪处罚。

3. 吸收犯

吸收犯指一个犯罪行为因为是另一个犯罪行为的必经阶段、组成部分、当然结果，而被另一个犯罪行为吸收的情况。对吸收犯仅按吸收之罪处断，不实行数罪并罚。

四、共同犯罪

共同犯罪，是指二人以上共同故意犯罪。共同犯罪的构成特征包括：有两个以上的犯罪主体；有共同的犯罪行为；具有共同的犯罪故意。在认定共同犯罪时，要注意以下几种情况：过失犯罪不能构成共同犯罪；把他人当成工具利用的不构成共同犯罪；事前无同谋、事后提供帮助的行为不构成共同犯罪；过限行为不构成共同犯罪；同时犯不构成共同犯罪；在共同实行的场合，不存在片面共犯。

刑法以共同犯罪人在共同犯罪中所起的作用为主要标准，兼顾其分工，将共同犯罪人分为主犯、从犯、胁从犯和教唆犯。

主犯是指组织、领导犯罪集团进行犯罪活动的或者在共同犯罪中起主

要作用的犯罪分子。主犯包括两种犯罪分子：组织、领导犯罪集团进行犯罪活动的首要分子；在犯罪集团或者一般共同犯罪中起主要作用的犯罪分子。主犯的刑事责任：对组织、领导犯罪集团的首要分子，按照集团所犯的全部罪行处罚；对于其他主犯，应当按照其所参与的或者组织、指挥的全部犯罪处罚。

从犯只是在共同犯罪中起次要或者辅助作用的犯罪分子。从犯分为两种：在共同犯罪中起次要作用的实行犯；在共同犯罪中辅助他人实行犯罪的帮助犯。从犯的刑事责任：对于从犯，应当从轻、减轻处罚或者免除处罚。

胁从犯，是指被胁迫参加犯罪的犯罪分子，犯罪人是在他人的暴力强制或精神威逼之下被迫参加犯罪。对于胁从犯，应当按照他的犯罪情节减轻处罚或者免除处罚。

教唆犯，是指教唆他人实行犯罪的人。教唆犯自己并不参加犯罪的实施，而是使他人产生犯罪意图。教唆犯的刑事责任：（1）教唆他人犯罪的，应当按照他在共同犯罪中所起的作用处罚：起主要作用的，按主犯处罚；起次要作用的，按从犯处罚。（2）如果被教唆的人没有犯被教唆的罪，对于教唆犯，可以从轻或者减轻处罚。(3) 教唆不满十八周岁的人犯罪的，应当从重处罚。

在共同犯罪中，也存在故意犯罪的停止形态，包括犯罪预备、犯罪中止、犯罪未遂。在共同实行犯罪的场合，其中一人犯罪既遂的，共同犯罪整体既遂，全体共犯人承担既遂的罪责。在复杂共同犯罪的场合，整个共同犯罪的进程从属于实行犯的犯罪进程：如果实行犯实行犯罪既遂的，教唆犯或者帮助犯也按照犯罪既遂处理；实行犯实行犯罪未遂的，教唆犯或者帮助犯也是未遂；在犯罪预备的场合，实行犯实际上还没出现。在共同犯罪中，要成立犯罪中止，必须具备以下条件：必须具备有效性，即有效地阻止共同犯罪的结果发生或者有效地消除自己先前参与行为对共同犯罪的作用；中止的效力仅及于本人，不及于其他犯罪人：部分共同犯罪人自动放弃犯罪且具备有效性的，单独成立犯罪中止但是其中止的效力不及于其他共同犯罪人；缺乏有效性不能单独成立中止：在共同犯罪中，共同犯罪人消极退出犯罪或者主动放弃犯罪、阻止共同犯罪结果未奏效的，不能单独成立犯罪中止。

五、正当防卫与紧急避险

（一）正当防卫

正当防卫是指为了使公共利益、本人或者他人的人身和其他权利免受正在进行的不法侵害，而对实施侵害的人所采取的合理的防卫行为。

正当防卫的成立需要满足一定的条件：起因是不法侵害行为的发生、时间是不法侵害行为正在发生、对象为不法侵害者本人、主观条件是为保护合法权利免受不法侵害、限度条件是不能明显超过必要限度造成重大损害。

此外，刑法还规定了正当防卫，刑法第 20 条第 3 款规定：“对正在进行行凶、杀人、抢劫、强奸、绑架以及其他严重危及人身安全的暴力犯罪，采取防卫行为，造成不法侵害人伤亡的，不属于防卫过当，不负刑事责任。”

行为人若在防卫过程中，超出了必要限度构成了防卫过当，则应当负一定的刑事责任，但是应酌情减轻或者免除处罚。

（二）紧急避险

紧急避险是指为了使公共利益、本人或者他人的人身和其他权利免受正在发生的危险，不得已而采取的损害另一较小合法利益的行为。紧急避险是在紧急情况下两种合法利益发生了冲突，顾此失彼，而不得不采取了损害其中较小的利益，保全较大利益的行为。紧急避险行为造成损害的，不负刑事责任。同样，若紧急避险超过必要限度造成不应有的损害，应当负刑事责任，但是应酌情减轻或者免除。

【风险提示】

刑法在适用时，要先根据构成要件判断是否构成犯罪。法定免责事由是不构成犯罪的。

【相关案例】

付某某、陈某故意伤害案

被告人付某某的母亲何某甲与陈某的父亲系再婚关系，付某某与陈某均在双方父母开办的企业工作。2016 年 12 月 13 日 12 时许，陈某在宁波市鄞州区姜山镇翻石某工业园区凯柏科教仪器设备有限公司内，因不见拴在厂区内的一条狗而持铝棍寻找继母何某甲。后陈某在办公室外遇见何某甲，即上前质问何某甲并将何某甲按倒在地，持铝棍殴打何某甲。付某某听见何某甲的呼救声，即持工作中使用的剪刀冲出办公室，见陈某背对着其正在殴打何某甲，上前捅刺陈某背部一剪刀，致陈某胸腔气胸、椎骨骨折，分别构成轻伤二级。

同月 14 日，付某某在鄞州区姜山镇翻石某工业园区凯柏科教仪器设备有限公司门口遇到民警，遂主动向民警交代了上述事实。

陈某为疗伤，于 2016 年 12 月 13 日至 2017 年 8 月 8 日期间，分别在宁波明州医院、宁波市医疗中心李某医院和宁波市康复医院住院治疗，共花去医疗费 127944 元。在一审审理期间，付某某的亲属代为预缴赔偿款 180000 元。

原审法院认为，被告人付某某故意损害他人身体健康，致一人轻伤，其行为已构成故意伤害罪。被告人付某某自动投案，并如实供述自己的罪行，是自首，依法可以从轻处罚。被告人付某某预缴了赔偿款，又可酌情从轻处罚。被害人陈某在本案中有过错，可相应减轻被告人的刑事和民事责任。被告人付某某不服提出上诉。二审法院认为，上诉人（原审被告人）付某某故意伤害他人身体健康，致人轻伤，其行为已构成故意伤害罪。付某某自动投案，并如实供述自己的罪行，是自首，依法可以从轻处罚。付某某的防卫行为明显超过必要限度造成被害人二处轻伤的结果，应当负刑事责任。鉴于本案系家庭成员之间因琐事引发、付某某的行为属防卫过当、又有自首情节以及亲属代为赔偿等具体情况，对付某某予以免除处罚。付某某对其防卫过当的行为造成被害人不应有的损害，应承担适当的民事赔偿责任。

【法条指引】

中华人民共和国刑法（节录）

第二十条 为了使国家、公共利益、本人或者他人的人身、财产和其他权利免受正在进行的不法侵害，而采取的制止不法侵害的行为，对不法侵害人造成损害的，属于正当防卫，不负刑事责任。

正当防卫明显超过必要限度造成重大损害的，应当负刑事责任，但是应当减轻或者免除处罚。

对正在进行行凶、杀人、抢劫、强奸、绑架以及其他严重危及人身安全的暴力犯罪，采取防卫行为，造成不法侵害人伤亡的，不属于防卫过当，不负刑事责任。

第二十一条　为了使国家、公共利益、本人或者他人的人身、财产和其他权利免受正在发生的危险，不得已采取的紧急避险行为，造成损害的，不负刑事责任。

紧急避险超过必要限度造成不应有的损害的，应当负刑事责任，但是应当减轻或者免除处罚。

第一款中关于避免本人危险的规定，不适用于职务上、业务上负有特定责任的人。

第三十条　公司、企业、事业单位、机关、团体实施的危害社会的行为，法律规定为单位犯罪的，应当负刑事责任。

第三节　刑罚的基本内容

【规则要点】

在判处刑罚时，法官根据被告人的犯罪行为和主观心态对其宣告刑罚。刑罚主要有主刑和附加刑两种。在判处刑罚时，法官会综合考虑一些法定和酌定从轻、从重情节。在刑罚的执行过程中，会因为犯罪人的表现而减刑、假释，在某些特殊情况下，还可能导致刑罚消灭，例如时效和赦免。

【理解与适用】

一、刑罚种类

以某种刑罚方法只能单独适用还是可以附加适用为标准，将刑罚分为主刑与附加刑两类。

根据我国刑法第32—34条的规定，刑罚分为主刑和附加刑两大类。主刑有管制、拘役、有期徒刑、无期徒刑、死刑五种。附加刑有罚金、剥夺政治权利、没收财产三种。此外，刑法第35条还规定，对于犯罪的外国人可以独立适用或者附加适用驱逐出境。据此，驱逐出境也是一种附加刑。

（一）主刑

主刑是只能独立适用而不能附加适用的刑罚。主刑包括以下几种：

1. 管制

管制是对罪犯不予关押，但是限制其一定的人身自由、依法实行社区矫正的刑罚方法。管制的期限为3个月以上2年以下，数罪并罚时，最高不能超过3年；被判处管制的犯罪分子享有除被限制之外的各项权利，未附加剥夺政治权利的仍然享有政治权利，在劳动中同工同酬。

2. 拘役

拘役是短期剥夺犯罪分子的自由，就近执行并实行劳动改造的刑罚方法。期限较短，为1个月以上6个月以下，数罪并罚时，拘役刑期最高不能超过1年。

3. 有期徒刑

有期徒刑是剥夺犯罪分子一定期限的人身自由，强制其进行劳动并接受教育改造的刑罚方法。有期徒刑期限为6个月以上15年以下，数罪并罚时有期徒刑最高不能超过25年。

4. 无期徒刑

无期徒刑是剥夺犯罪分子的终身自由，强制其参加劳动并接受教育改造的方法。无期徒刑没有刑期限制，罪犯终身被剥夺自由。

5. 死刑

死刑是剥夺罪犯生命的刑罚方法。死刑因其严厉性，所以在适用时非常慎重。死刑的执行方法包括判处死刑立即执行和判处死刑缓期2年执行。判处死刑立即执行的，采用枪决或者注射等方法执行；判处死刑缓期2年执行的，在死刑缓期执行期间，如果没有故意犯罪，2年期满以后，减为无期徒刑；如果确有重大立功表现，2年期满以后，减为25年有期徒刑；如果故意犯罪，查证属实的，由最高人民法院核准，执行死刑。

（二）附加刑

1. 罚金

罚金是人民法院判处犯罪分子或者犯罪单位向国家缴纳一定金钱的刑罚方法。刑法分则规定罚金的适用方式有四种：选处罚金，单处罚金，并处罚金，并处或者单处罚金。

2. 剥夺政治权利

剥夺政治权利是指剥夺下列权利：选举权和被选举权；言论、出版、集会、结社、游行、示威自由的权利；担任国家机关职务的权利；担任国有公司、企业、事业单位和人民团体领导职务的权利。

3. 没收财产

没收财产是没收犯罪分子个人所有财产的部分或者全部。没收全部财产的，应当为犯罪分子个人及其扶养的家属保留必需的生活费用。在判处没收财产的时候，不得没收属于犯罪分子家属所有或者应有的财产。没收财产的判决，无论是附加适用还是独立适用，均由人民法院执行；在必要的时候，可以会同公安机关执行。没收财产以前犯罪分子所负的正当债务，需要以没收的财产偿还的，经债权人请求，应当偿还。

4. 驱逐出境

驱逐出境指强迫犯罪的外国人离开中国国（边）境的刑罚方法。根据刑法第 35 条的规定，对于犯罪的外国人，是可以独立适用或者附加适用驱逐出境，而不是必须适用驱逐出境。单独判处驱逐出境的，从判决生效之日起执行；附加判处驱逐出境的，从主刑执行完毕之日起执行。

二、量刑

（一）量刑原则和量刑情节

我国刑法规定量刑要采取“以事实为依据，以法律为准绳”的原则。在量刑时，应当考虑的、据以决定量刑轻重或者免除刑罚处罚的各种情况如下。

1. 法定量刑情节

从轻、从重处罚。刑法第 62 条规定：“犯罪分子具有本法规定的从重处罚、从轻处罚情节的，应当在法定刑的限度以内判处刑罚。”

减轻处罚。刑法第63条第1款规定：“犯罪分子具有本法规定的减轻处罚情节的，应当在法定刑以下判处刑罚；本法规定有数个量刑幅度的，应当在法定量刑幅度的下一个量刑幅度内判处刑罚。”该条第2款规定：“犯罪分子虽然不具有本法规定的减轻处罚情节，但是根据案件的特殊情况，经最高人民法院核准，也可以在法定刑以下判处刑罚。”据此，刑法中减轻处罚情节的基本适用规则为：减刑处罚，必须判处低于法定最低刑的刑罚。

免除处罚。根据我国刑法第37条的规定，免除处罚，是对犯罪分子作有罪宣告，但免除其刑罚处罚。

2. 酌定量刑情节

酌定量刑情节是人民法院从审判经验中总结出来的，在刑罚裁量过程中灵活掌握、酌情适用的情节。司法实践中常见的酌定情节包括：犯罪的动机、犯罪的手段、犯罪发生的时间及地点、犯罪造成的损害后果、犯罪分子的一贯表现、犯罪后的态度等。

（二）量刑制度

1. 累犯

我国刑法规定的累犯有一般累犯和特别累犯两种。一般累犯，是指被判处有期徒刑以上刑罚并在刑罚执行完毕或者赦免以后，在5年内再犯应当判处有期徒刑以上刑罚之罪的犯罪分子。一般累犯的构成要满足犯罪主体、主观、刑度、时间条件。特别累犯也是如此，特别累犯是指因犯危害国家安全犯罪、恐怖活动犯罪、黑社会性质的组织犯罪的犯罪分子受过刑罚处罚，刑罚执行完毕或者赦免以后，在任何时候再犯上述任一类罪的犯罪分子。

2. 自首

根据刑法第67条的规定，自首分为一般自首和特别自首两种。一般自首的成立条件为：自动投案、如实供述自己的罪行。特别自首是被采取强制措施的犯罪嫌疑人、被告人和正在服刑的罪犯，如实供述司法机关还未掌握的本人其他罪行的行为。二者所需要满足的条件是不同的。

3. 立功

立功是指犯罪分子揭发他人犯罪行为，查证属实，或者提供重要线索，从而得以侦破其他案件等行为。立功分为一般立功和重大立功两种。根据中国刑法第 68 条的规定，对于立功的罪犯应分别依照以下不同情况予以从宽处罚：犯罪分子有一般立功表现的，可以从轻或者减轻处罚；犯罪分子有重大立功表现的，可以减轻或者免除处罚。

4. 数罪并罚

数罪并罚，是指对一行为人所犯数罪合并处罚的制度。我国刑法规定的数罪并罚的原则为：以限制加重原则为主、以吸收原则和并科原则为补充的折中原则。该原则适用范围及基本适用规则如下：判决宣告的数个主刑中有数个死刑或最重刑为死刑的，采用吸收原则，仅应决定执行一个死刑；判决宣告的数个主刑中有数个无期徒刑或最重刑为无期徒刑的，采用吸收原则，只应决定执行一个无期徒刑，而不得决定执行两个以上的无期徒刑，或者将两个以上的无期徒刑合并升格执行死刑，或者决定执行其他主刑；判决宣告的数个主刑为有期自由刑即有期徒刑、拘役、管制的，采取限制加重原则合并处罚。

5. 缓刑

缓刑是指人民法院对于被判处拘役 3 年以下有期徒刑的犯罪分子，根据其犯罪情节和悔罪表现，认为暂缓执行原判刑罚，没有再犯罪的危险，且宣告缓刑不会对所居住社区产生重大的不良影响的，规定一定的考验期，暂缓其刑罚的执行。若犯罪分子在考验期内没有发生法定撤销缓刑的情形，原判刑罚就不再执行的制度。

我国刑法第 73 条规定了缓刑的考验期限为：拘役的缓刑考验期限为原判刑期以上 1 年以下，但是不能少于 2 个月。有期徒刑的缓刑考验期限为原判刑期以上 5 年以下，但是不能少于 1 年。

三、刑罚执行制度

（一）减刑

减刑，是指对被判处管制、拘役、有期徒刑或者无期徒刑的犯罪分子，因其在刑罚执行期间认真遵守监规，接受教育改造，确有悔改或者立功表现，而适当减轻其原判刑罚的制度。根据刑法第 79 条的规定，对于犯罪分子的减刑，由执行机关向中级以上人民法院提出减刑建议书。人民法院应当组成合议庭进行审理，对确有悔改或者立功事实的，裁定予以减刑。非经法定程序不得减刑。

（二）假释

假释是对被判处有期徒刑、无期徒刑的犯罪分子，在执行一定刑期之后，因其认真遵守监规，接受教育改造，确有悔改表现，没有再犯罪的危险，而附条件地将其予以提前释放的制度。

刑法第 83 条规定了一定的考验期："有期徒刑的假释考验期限，为没有执行完毕的刑期；无期徒刑的假释考验期限为十年。假释考验期限，从假释之日起计算。"根据有关司法解释，被假释的罪犯，除有特殊情况外，一般不得减刑，其假释的考验期也不能缩短。根据刑法的有关规定，对于犯罪分子的假释，由执行机关向中级以上人民法院提出假释建议书。人民法院应当组成合议庭进行审理，对符合法定假释条件的，裁定予以假释。非经法定程序不得假释。

四、刑罚消灭制度

（一）时效

时效分为追诉时效和行刑时效两种，我国刑法没有规定行刑时效制度，只规定了追诉时效。追诉时效，是指依法对犯罪分子追究刑事责任的有效期限。

我国刑法规定的追诉期限为：法定最高刑为不满 5 年有期徒刑的，经过 5 年；法定最高刑为 5 年以上不满 10 年有期徒刑的，经过 10 年；法定最高刑为 10 年以上有期徒刑的，经过 15 年；法定最高刑为无期徒刑、死刑的，经过 20 年。如果 20 年以后认为必须追诉的，须报请最高人民检察院核准。追诉时效还可因法定事由延长或者中断。

（二）赦免

赦免，是国家对于犯罪分子宣告免予追诉或者免除执行刑罚的全部或者部分的法律制度。我国刑法规定了大赦和特赦两种，大赦既赦其罪又赦其刑；特设只赦其刑，不赦其罪。

【风险提示】

在适用量刑情节时，法定情节是必须考虑的情节，酌定情节是法官自由裁量的。

【相关案例】

陈某某假冒注册商标罪案

2007年5月至12月间，被告人陈某某购买“尖庄”“金六福”“长三角”等白酒，在租住的福州市仓山区城门镇胪雷村东升茶厂内，指使栾某某（已另案处理）指挥工人进行灌装、贴标，以次充好生产假冒注册商标的“五粮液”酒，后由被告人陈某某予以销售。2007年12月10日，福州市公安局仓山分局查获上述窝点，并当场查扣假冒“五粮液”白酒280余件和生产假酒的原料、设备工具及记账本等。经“五粮液”注册商标所有人宜宾五粮液股份有限公司鉴定：所扣押的“五粮液”白酒属假冒“五粮液”注册商标产品。经福州市价格认证中心鉴定：自2007年10月至12月间，被告人已销售的假冒“五粮液”白酒4624件、金额为人民币9850200元；所扣押的假冒“五粮液”白酒价值人民币596270元。2011年8月18日，被告人陈某某被公安人员抓获。

另查明，2001年8月1日被告人因犯抢劫罪被福建省罗源县人民法院判处有期徒刑2年，2003年5月27日刑满释放。2005年12月30日因犯假冒注册商标罪被福州市仓山区人民法院判处有期徒刑1年，缓刑2年，并处罚金人民币8000元。其间，被告人因该案于2003年5月26日被刑事拘留，同年6月30日释放。

又查明，同案犯栾某某于2008年9月18日被福州市仓山区人民法院判处有期徒刑10个月，并处罚金10000元。

一审法院判决，撤销福州市仓山区人民法院（2005）仓刑初字第362号判决第一项被告人陈某某犯假冒注册商标罪，判处有期徒刑1年，缓刑2年，并处罚金人民币8000元的缓刑部分；被告人陈某某犯假冒注册商标罪，判处有期徒刑6年8个月，并处罚金5300000元，与前罪判决的有期徒刑1年，并处罚金8000元并罚，决定执行有期徒刑7年6个月，并处罚金5308000元。

【法条指引】

中华人民共和国刑法（节录）

第六十一条 对于犯罪分子决定刑罚的时候，应当根据犯罪的事实、犯罪的性质、情节和对于社会的危害程度，依照本法的有关规定判处。

第六十二条 犯罪分子具有本法规定的从重处罚、从轻处罚情节的，应当在法定刑的限度以内判处刑罚。

第六十三条 犯罪分子具有本法规定的减轻处罚情节的，应当在法定刑以下判处刑罚；本法规定有数个量刑幅度的，应当在法定量刑幅度的下一个量刑幅度内判处刑罚。

犯罪分子虽然不具有本法规定的减轻处罚情节，但是根据案件的特殊情况，经最高人民法院核准，也可以在法定刑以下判处刑罚。

第八十七条 犯罪经过下列期限不再追诉：

（一）法定最高刑为不满五年有期徒刑的，经过五年；

（二）法定最高刑为五年以上不满十年有期徒刑的，经过十年；

（三）法定最高刑为十年以上有期徒刑的，经过十五年；

（四）法定最高刑为无期徒刑、死刑的，经过二十年。如果二十年以后认为必须追诉的，须报请最高人民检察院核准。

第四节　刑法分论

【规则要点】

刑法分则根据犯罪侵犯客体的不同进行分类，即分为危害国家安全罪，危害公共安全罪，破坏社会主义市场经济秩序罪，侵犯公民人身权利、民主权利罪，侵犯财产罪，妨害社会管理秩序罪，危害国防利益罪，贪污贿赂罪，渎职罪，军人违反职责罪十大类。

【理解与适用】

本部分对于刑法分则的介绍采取简要介绍模式，主要从犯罪构成要件方面进行。

一、危害国家安全罪

危害国家安全罪是指故意危害中华人民共和国的主权、领土完整和安全，分裂国家，颠覆国家政权、推翻社会主义制度的行为。

这一类犯罪的共同特征是：侵犯的客体是国家的安全，客观方面表现为实施危害中华人民共和国国家安全的行为，犯罪主体是自然人（刑法第107条规定的资助危害国家安全犯罪活动罪，即使由单位实施，承担刑事责任的主体仍是直接责任人员），且多数犯罪为一般主体，主观方面表现为故意的心理状态。

危害国家安全罪是性质最为严重的一类犯罪，这类犯罪危害的是国家的安全，因此，在刑法分则中排在各类犯罪之首。

二、危害公共安全罪

危害公共安全罪是指故意或者过失地实施危害不特定多数人的生命、健康和重大公私财产安全的行为。这一类犯罪具有以下一些共同特征：侵犯的客体是社会的公共安全，即危害不特定多数人的生命、健康、重大公私财产或者公共生活的安全。以不特定的多数人或财物为侵害对象是这类犯罪的突出特点。客观方面表现为实施了危害公共安全的行为，犯罪主体多数是一般主体，主观方面既可表现为故意，也有过失构成犯罪的情况。

从犯罪性质的角度看，这类犯罪是仅次于危害国家安全罪的危害性质非常严重的一类犯罪。这类犯罪中的多数犯罪表现为积极的作为，少数犯罪表现为消极的不作为，既包括实害犯，也包括危险犯，但过失类犯罪都以造成法定的实际损毁结果作为构成犯罪的必要要件。

三、破坏社会主义市场经济秩序罪

破坏社会主义市场经济秩序罪是指违反国家市场经济管理法规，破坏市场经济秩序，使社会主义市场经济秩序遭受严重损害的行为。这类犯罪具有以下一些共同特征：侵犯的客体是中国的市场经济秩序，客观方面表现为违反国家的市场经济管理法规，破坏市场经济秩序，严重损害社会主义市场经济秩序的行为，犯罪主体是个人或单位，主观方面多由故意构成，并且一般具有非法获利之目的。

四、侵犯公民人身权利、民主权利罪

侵犯公民人身权利、民主权利罪是指侵犯公民的人身权利和与人身直接有关的权利，非法剥夺或者妨碍公民自由行使依法享有的管理国家事务和参加国家政治活动的权利，以及妨害公民婚姻、家庭权利的行为。

侵犯公民人身权利、民主权利罪具有以下一些共同特征：侵犯的客体是公民的人身权利与民主权利，客观方面表现为实施侵犯公民人身权利、民主权利的行为，犯罪主体多为一般主体，少数为特殊主体，主观方面多表现为故意，极个别罪可由过失构成。

五、侵犯财产罪

侵犯财产罪是指故意非法占有、挪用公私财物，或者故意破坏生产经营，毁坏公私财物的行为。侵犯财产罪是司法实践中发生最多的案件类型之一。

侵犯财产罪具有以下一些共同特征：侵犯的客体是公共财产和公民私人财产所有权，客观方面表现为非法占有、挪用或者毁坏公私财物的行为，犯罪主体只能是自然人，既有一般主体，也有特殊主体，主观方面表现为故意。

六、妨害社会管理秩序罪

妨害社会管理秩序罪即妨害国家机关对社会的管理活动，破坏社会正常秩序，是一种情节严重的行为。

妨害社会管理秩序罪的共同特征是：侵犯的客体是国家机关对社会的管理秩序，客观方面表现为妨害国家机关对社会依法实行管理活动，破坏社会正常秩序，情节严重的行为，犯罪主体多为自然人，且一般主体占多数，少数罪由特殊主体构成，极个别罪还可由单位构成，主观方面大多数表现为故意，个别犯罪可由过失构成。

七、贪污贿赂罪

贪污贿赂罪是指国家工作人员（行贿类的犯罪除外）利用职务，非法

占有、使用公共财物，索取、收受贿赂或者取得其他非法利益，破坏职务廉洁性的行为。

贪污贿赂罪的犯罪客体是公务活动的廉洁性，客观方面表现为实施贪污、挪用公款、受贿等行为，犯罪主体多为国家工作人员，为特殊主体，但少数罪由一般主体构成，主观方面表现为故意。

八、渎职罪

渎职罪是指国家机关工作人员在公务活动中滥用职权、玩忽职守、徇私舞弊，妨碍国家管理活动，致使公共财产或者国家与人民的利益遭受重大损失的行为。渎职罪具有以下一些共同特征：侵犯的客体是国家机关的正常活动，客观方面表现为行为人实施滥用职权、玩忽职守等行为致使公共财产、国家和人民利益遭受重大损失，犯罪主体是国家机关工作人员，主观方面有故意和过失两种心理态度。

【风险提示】

在认定被告人的行为符合刑法分论的犯罪构成后，要结合刑法总论其他理论知识进行定罪量刑。

【相关案例】

彭某某等贪污案

江西省赣县人民检察院指控，被告人彭某某、余某某利用担任江西省赣县某镇高道村党支部书记、村委会主任的职务便利，与被告人温某某、蒋某某、李某某、王某某分别合谋在危旧土坯房改造过程中，采取在新房建两扇大门、从不同角度拍照等手段申请土坯房改造补助款，达到“一宅两补”的目的，共骗取国家危旧土坯房改造补助款6.86万元。其中，蒋某某以其子的名义骗取了1.86万元补助款；李某某以其父的名义骗取了1.5万元补助款；温某某以其妻的名义骗取了2万元补助款；王某某以其父的名义骗取了1.5万元的补助款。在此过程中，彭某某分得1300元，余某某获利1000元。

法院认为，被告人彭某某、余某某作为村基层组织人员，在协助镇人民政府从事行政管理工作时属于其他依照法律从事公务的人员。两被告人利用职务上的便利，分别与被告人蒋某某、温某某、李某某、王某某合谋骗取国家危旧土坯房改造补助款。在共同犯罪中，被告人彭某某、余某某共同骗取国家危旧土坯房改造补助款共计6.86万元，分别分得0.13万元、0.1万元；被告人温某某参与骗取国家危旧土坯房改造补助款2万元，分得1.9万元；被告人蒋某某参与骗取国家危旧土坯房改造补助款1.86万元，分得1.84万元；被告人李某某参与骗取国家危旧土坯房改造补助款1.5万元，分得1.49万元；被告人王某某参与骗取国家危旧土坯房改造补助款1.5万元，分得1.4万元。其行为均已构成贪污罪。被告人彭某某、余某某系在赣县人民检察院掌握其犯罪事实后，被传唤到案，不是自动投案，不构成自首，但二被告人自愿认罪，如实供述自己的犯罪事实，依法可从轻处罚。被告人温某某、蒋某某、李某某、王某某归案以后如实供述自己的犯罪事实，依法可从轻处罚。案发后，六被告人已退清贪污所得的赃款，依法可以从轻处罚。

【法条指引】

中华人民共和国刑法（节录）

第三百八十二条　国家工作人员利用职务上的便利，侵吞、窃取、骗取或者以其他手段非法占有公共财物的，是贪污罪。

受国家机关、国有公司、企业、事业单位、人民团体委托管理、经营国有财产的人员，利用职务上的便利，侵吞、窃取、骗取或者以其他手段非法占有国有财物的，以贪污论。

与前两款所列人员勾结，伙同贪污的，以共犯论处。

第三百八十三条　对犯贪污罪的，根据情节轻重，分别依照下列规定处罚：

（一）贪污数额较大或者有其他较重情节的，处三年以下有期徒刑或者拘役，并处罚金。

（二）贪污数额巨大或者有其他严重情节的，处三年以上十年以下有期徒刑，并处罚金或者没收财产。

（三）贪污数额特别巨大或者有其他特别严重情节的，处十年以上有期徒刑或者无期徒刑，并处罚金或者没收财产；数额特别巨大，并使国家和人民利益遭受特别重大损失的，处无期徒刑或者死刑，并处没收财产。

对多次贪污未经处理的，按照累计贪污数额处罚。

犯第一款罪，在提起公诉前如实供述自己罪行、真诚悔罪、积极退赃，避免、减少损害结果的发生，有第一项规定情形的，可以从轻、减轻或者免除处罚；有第二项、第三项规定情形的，可以从轻处罚。

犯第一款罪，有第三项规定情形被判处死刑缓期执行的，人民法院根据犯罪情节等情况可以同时决定在其死刑缓期执行二年期满依法减为无期徒刑后，终身监禁，不得减刑、假释。

第八章

司法制度

第一节　人民法院

【规则要点】

在中国，人民法院依照法律独立行使国家的审判权。人民法院根据其不同的层级有着不同的职能，中国法院可分为最高人民法院、地方人民法院、专门人民法院，每个层级的人民法院审理的案件都要符合相应的条件，例如最高人民法院审理全国影响较大的案件，高级人民法院审理全省的重大、复杂的案件。虽然如此，但所有法院在审理案件时均需按照一定的原则进行，符合一定的制度设计，例如都要遵守回避制度、合议制度。

【理解与适用】

一、人民法院的性质

根据《中华人民共和国宪法》和《中华人民共和国人民法院组织法》的规定，人民法院是国家审判机关，是适用法律的专门机关，独立行使国家的审判权。人民法院根据法律规定受理并处理具体案件，依据事实和法律作出判断，保障法律的实施，维护法律尊严，实现打击敌人、惩罚犯罪、保护人民、调解纠纷的国家职能。

根据人民法院组织法的规定，人民法院的任务是根据事实和法律审判刑事案件、民事案件、经济案件、行政案件以及其他法律规定应由人民法院受理的案件。通过审判活动，惩罚犯罪，解决民事、经济纠纷，解决行政纠纷，以保卫人民民主专政政权，维护社会主义法治和社会秩序，保护国家所有的财产和劳动群众集体所有的财产，保护公民私人所有的财产，保障社会主义市场经济建设顺利进行。同时，人民法院通过审判活动宣传法治，教育公民遵守宪法和法律，忠于社会主义祖国。

二、人民法院的组织系统

根据宪法和人民法院组织法的规定，人民法院的组织系统由最高人民法院、地方各级人民法院、专门人民法院构成。

（一）最高人民法院

最高人民法院是中国最高审判机关，依法行使国家最高审判权，同时监督地方各级人民法院和专门法院的工作。

（二）地方各级人民法院

地方各级人民法院分为三级：高级人民法院，包括省高级人民法院、自治区高级人民法院和直辖市高级人民法院；中级人民法院，包括在省、自治区内按地区设立的中级人民法院，在直辖市内设立的中级人民法院，在省辖市、自治区辖市设立的中级人民法院，自治州中级人民法院；基层人民法院，包括县人民法院、不设区的市人民法院、自治县人民法院、旗人民法院、市辖区人民法院。

（三）专门人民法院

专门人民法院是设在特定部门或对特定案件设立的审判机关，专门人民法院审理的案件是特定的案件。目前中国设立的专门人民法院主要有军事法院、海事法院和知识产权法院等。军事法院是设在军队中的审判机关，分高级、中级、基层三级。海事法院是设在沿海、沿江港口城市的审理海事、海商案件的审判机关，在审级上相当于中级人民法院，其审判工作受所在地的高级人民法院监督，当事人对海事法院的判决、裁定不服的上诉案件，由当地高级人民法院管辖。

三、人民法院的职权

（一）基层人民法院的职权

基层人民法院负责审判第一审案件（法律另有规定的案件除外），并且指导人民调解委员会的工作。基层人民法院对所受理的案件，认为案情重大应当由上级人民法院审判的，可以请求移送上级人民法院审判。

（二）中级人民法院的职权

法律规定由其管辖的第一审案件：在刑事案件方面包括危害国家安全案件，可能判处无期徒刑、死刑的案件，外国人犯罪的案件；在民事案件方面包括重大涉外案件，在本辖区有重大影响的案件，最高人民法院确定由中级人民法院管辖的案件；在行政案件方面包括确认发明专利的案件、海关处理的案件，对国务院各部门或省、自治区、直辖市人民政府作出的具体行政行为提起诉讼的案件，在本辖区内重大复杂的案件。基层人民法院移送审判的第一审案件。对基层人民法院判决和裁定的上诉案件和抗诉案件。人民检察院按照审判监督程序提出的抗诉案件。

中级人民法院对其受理的案件，认为案情重大应当由上级人民法院审判时，可以请求移送上级人民法院审判。此外，根据国家赔偿法规定，中级以上人民法院设立赔偿委员会，按规定程序处理国家赔偿案件。

（三）高级人民法院的职权

法律规定由高级人民法院管辖的第一审案件：按照有关法律规定，刑事案件是全省（自治区、直辖市）的重大刑事案件；民事案件是在本辖区有重大影响的第一审民事案件；行政案件是本辖区内重大、复杂的第一审行政案件。下级人民法院移送审判的第一审案件。对下级人民法院判决和裁定的上诉案件和抗诉案件。对辖区内海事法院的判决和裁定上诉的案件。人民检察院按照审判监督程序提出抗诉的案件。此外，高级人民法院对中级人民法院判处的死刑缓期执行的案件，被告人没有上诉的，由中级人民法院报送高级人民法院复核；根据国家赔偿法的规定处理有关国家赔偿案件。

（四）专门人民法院的职权

军事法院管辖现役军人的刑事犯罪案件，军队在编职工的刑事犯罪案件，最高人民法院授权审理的案件，在作战区和戒严区由统帅部、最高人民法院授权审理的案件。海事法院管辖第一审海事案件和海商案件。2014年成立的北京、上海、广州知识产权法院，其职权依《最高人民法院关于北京、上海、广州知识产权法院案件管辖的规定》执行，各有侧重。

（五）最高人民法院的职权

最高人民法院是国家最高审判机关，所作的判决和裁定都是终审的判决和裁定。根据宪法和有关法律的规定，最高人民法院主要行使以下职权：监督地方各级人民法院和专门人民法院的审判工作。审判全国性的重大刑事案件和在全国有重大影响的民事案件、经济纠纷案件、行政案件以及最高人民法院认为应当由它自己审判的第一审案件；审判不服高级人民法院、专门人民法院的第一审判决或裁定的上诉或抗诉案件。最高人民法院对各级人民法院已经发生法律效力的判决和裁定，如果发现确有错误，有权提审或指令下级人民法院再审。负责核准死刑案件。对于在审判过程中如何具体应用法律问题作出司法解释。负责管理全国各级人民法院的设置、人员编制等方面的司法行政工作，并决定海事法院的设置或者变更、撤销，规定海事法院管辖区域的划分及审判机构、办事机构的设置。

四、人民法院的领导体制

根据宪法和法律的规定，最高人民法院对全国人大和全国人大常委会负责并报告工作。地方各级人民法院对本级人大及其常委会负责并报告工作。最高人民法院监督地方各级人民法院和专门法院的审判工作。

五、人民法院的工作原则和基本制度

（一）依法独立审判原则

人民法院依照法律规定独立行使审判权，不受行政机关、社会团体和个人的干涉。这一原则要求人民法院在审判工作中要以事实为根据、以法律为准绳，独立进行审判，实事求是地对案件作出公正判决和裁定。不受任何组织、领导及其他个人的干涉。人民法院在办理各种案件活动中，严格依法办事，在职权范围内的活动必须独立进行。

人民法院独立审判，并不是不受任何监督。在中国，人民法院要向同级人大负责并报告工作，接受同级人大常委会的监督。人民检察院是法律监督机关，人民法院执行法律要接受人民检察院依法进行的监督。此外，人民法院独立审判还应该接受人民群众的监督。

（二）公民在法律面前一律平等原则

公民在法律面前一律平等原则，要求人民法院对一切公民都必须一律平等对待，一切公民的合法权益，都要依法予以保护，任何公民的违法犯罪行为，都要依法予以追究。适用法律一律平等，还要求在适用法律上不能有任何歧视，对公民一律平等对待，不能因公民的家庭出身、地位高低、政治倾向等非法定条件而对公民有不公正的待遇。适用法律面前一律平等原则，也应当表现在对待法人或其他组织方面，不论组织规模大小、企业性质、何人经营、主办单位等情况如何，都应平等保护其合法权益、追究其违法责任。

（三）被告人有权获得辩护原则

被告人有权获得辩护，是宪法和有关法律规定的一项重要的司法原则和制度，是国家赋予被告人保护自己合法权益的一种重要诉讼权利。在刑事诉讼中，被告人和他的辩护人有权根据事实和法律，提出证明被告人无罪、罪轻或者免除、减轻刑事处罚的材料和意见，以维护被告人的合法权益。有关法律规定了被告人行使辩护权利的具体制度，必要时人民法院应当为被告人指定承担法律援助义务的律师担任被告人的辩护人。实行辩护制度，有助于人民法院全面客观地认定案件事实，正确适用法律，公正判决或裁定案件以及避免错案冤案的发生。

（四）使用本民族语言文字进行诉讼原则

各民族公民都有用本民族语言文字进行诉讼的权利，对于不通晓当地通用语言文字的当事人，人民法院应当为他们翻译。在少数民族聚居或者多民族杂居的地区，人民法院应当用当地通用的语言进行审讯，用当地通用的文字发布判决书、裁定书、布告和其他文件。中国是统一的多民族国家，各民族公民都有用本民族语言文字进行诉讼的权利，这是民族平等原则在诉讼制度方面的具体表现。

（五）合议制度

人民法院审判案件，实行合议制。人民法院审判第一审案件，由审判员组成合议庭或者由审判员和人民陪审员组成合议庭进行，简单的民事案件、轻微的刑事案件和法律另有规定的案件可以由审判员1人独任审判。人民法院审判上诉和抗诉案件由审判员组成合议庭进行。合议庭由院长或庭长指定1名审判员担任审判长，院长或庭长参加合议庭的，院长或庭长担任审判长。我国刑事诉讼法、民事诉讼法以及行政诉讼法对合议庭的组成、工作及合议庭成员的权利作出具体规定，并规定了独任审判的适用范围。

（六）回避制度

在审判阶段，回避制度是指人民法院受理的案件如果与审判人员有利害关系或其他关系，应当回避。这是为了保护当事人合法权益，保证公正审判，防止审判人员主观偏向的诉讼制度。为保证当事人行使申请回避的权利，人民法院在开庭时，应当向当事人宣布合议庭组成人员及书记员名单，告知当事人有申请回避的权利。是否批准回避申请，由人民法院院长决定。院长的回避，由本院审判委员会决定。

审判人员一般应当回避的情形是：本案当事人或者当事人的近亲属；本人或者他的亲属与本案有利害关系；担任过本案的证人、鉴定人、辩护人或者附带民事诉讼当事人的代理人；与本案当事人有其他关系可能影响案件公正处理的。

具有以上情形的审判人员及书记员、翻译人员、鉴定人、勘验人等，应当报告本院院长要求回避；当事人也有权申请回避。在刑事司法实践中，应当回避的人员，本人没有自行回避的，当事人和他们的法定代理人也没有申请其回避的，院长或者审判委员会应当决定其回避。

（七）公开审判制度

公开审判是指人民法院对受理的案件公开审理和公开宣判。通过公开审理，使当事人充分行使法律规定的诉讼权利，对证据互相质证，明辨是非，便于审判人员查清事实。宪法规定，人民法院审理案件，除法律规定的特别情况外，一律公开进行。人民法院组织法规定，审理案件，除涉及国家机密、个人隐私和未成年人犯罪案件以外，一律公开进行。刑事诉讼法、民事诉讼法及行政诉讼法都分别针对各类案件作出了具体规定，保证公开审判原则的切实贯彻。

（八）两审终审制

人民法院审判案件实行两审终审制。两审终审制是指一个案件经过两级人民法院的审判，即告终结的制度。

地方各级人民法院审理第一审案件所作的判决和裁定，如果当事人不服，可以在法定期限内向上一级人民法院提出上诉；人民检察院对所提起公诉的刑事案件，如果认为第一审判决或裁定有错误，在法定期限内可以向上一级人民法院提出抗诉。

上一级人民法院对上诉、抗诉案件，按照第二审程序进行审理后所作的判决或裁定是终审的判决或裁定，发生法律效力。如果在上诉期限内，当事人不上诉，人民检察院不抗诉，第一审判决或裁定就发生法律效力。

根据中国法律规定，死刑案件，不论是否经过两审判处死刑的案件，都必须经最高人民法院核准，判决方能生效。

此外，根据法律规定，最高人民法院审理的第一审案件所作的判决或裁定以及基层人民法院按照民事诉讼法特别程序审理的选民资格案件、宣告失踪案件、宣告死亡案件、认定公民无行为能力案件、认定公民限制行为能力案件和认定财产无主案件、确认调解协议案件和实现担保物权案件实行一审终审制。

（九）审判监督制度

审判监督制度是指人民法院对已经发生法律效力的判决、裁定，发现确有错误，依法重新进行审判的一种特殊审判工作制度。

根据法律规定，有权提起审判监督程序的主体是：各级人民法院院长对本院已经发生法律效力的判决和裁定，如果发现认定事实上或者适用法律上有错误，必须提交审判委员会处理。最高人民法院对各级人民法院已经发生法律效力的判决和裁定；上级人民法院对下级人民法院已经发生法律效力的判决和裁定，如果发现确有错误，有权提审或者指令下级人民法院再审。最高人民检察院对各级人民法院已经发生法律效力的判决和裁定；上级人民检察院对下级人民法院已经发生法律效力的判决和裁定，如果发现确有错误，有权按审判监督程序提出抗诉。

（十）审判委员会制度

审判委员会既是各级人民法院内设立的审判工作组织，又是人民法院进行审判工作的一种制度，该制度对保证办案质量和实现国家审判职能有重大作用。

审判委员会的任务主要有三项：讨论重大的或者疑难的案件。总结审判经验，讨论分析审判工作中出现的新情况、新问题，检查执法情况，提出本法院审判工作中的改进办法。讨论其他有关审判工作问题。

【风险提示】

人民法院在审理案件时要严格遵守法律及有关特殊法规对于期限的规定，例如起诉期限、上诉期限等内容。同时还要注意，并非所有的案件都需要提交审判委员会进行讨论。需要提交审判委员会讨论决定的重大、疑难、复杂的案件主要有以下几类：在社会上有较大影响的案件；人民检察院抗诉的案件；合议庭成员意见有重大分歧的案件；其他需要由审判委员会讨论决定的案件，此外，还有拟判死刑的案件。

【相关案例】

张某某与佛山市禅城区长坂寿司店买卖合同纠纷案

2016年7月7日，张某某在佛山市禅城区长坂寿司店（简称“长坂寿司店”）处购买久保田清酒三瓶，每瓶1700元，总价款5100元。张某某以刷卡方式付款，长坂寿司店向张某某开具了“餐费”发票。根据张某某提交的涉案产品照片以及在庭审过程中提供的实物，涉案产品的外包装印刷的字体为日文，没有中文标签和中文说明。张某某以涉案产品不符合食品安全标准为由，诉至法院请求解决。另查明，张某某从2016年开始，已在法院提起数十宗产品责任纠纷和买卖合同纠纷，其中包括酒类和奶粉类的中文标识索赔诉讼。

一审法院认为，涉案产品是为长坂寿司店所销售的产品，但是不符合食品安全标准，长坂寿司店应退还张某某货款，但是张某某在该院已提起数十宗中文标识索赔诉讼，其在长坂寿司店处购买涉案产品的目的是为了营利，而并非以消费为目的，故其无权以《中华人民共和国食品安全法》第148条第2款的规定主张十倍赔偿。二审法院经审理，认定张某某向长坂寿司店购买的食品不符合食品安全标准，张某某对案涉食品没有中文标签、说明书所造成的食用后果及法律后果是知悉的，客观上并未对张某某造成误导，因此适用《中华人民共和国食品安全法》第148条的但书条款，不予支持十倍赔偿金的请求。

【法条指引】

中华人民共和国人民法院组织法（节录）

第四条 人民法院依照法律规定独立行使审判权，不受行政机关、社会团体和个人的干涉。

第七条 人民法院实行司法公开，法律另有规定的除外。

第八条 人民法院实行司法责任制，建立健全权责统一的司法权力运行机制。

第九条 最高人民法院对全国人民代表大会及其常务委员会负责并报告工作。地方各级人民法院对本级人民代表大会及其常务委员会负责并报告工作。

各级人民代表大会及其常务委员会对本级人民法院的工作实施监督。

第十一条 人民法院应当接受人民群众监督，保障人民群众对人民法院工作依法享有知情权、参与权和监督权。

第二节 人民检察院

【规则要点】

人民检察院是中国的监督机关，与法院一同行使国家的司法权。人民检察院在行使职权时也要坚持依法独立行使职权、法律面前人人平等等原则。

【理解与适用】

一、人民检察院的性质

我国宪法和人民检察院组织法都规定，人民检察院是国家的法律监督机关。法律监督，又称为检察监督，是通过人民检察院行使检察权，对国家机关及其工作人员和公民是否遵守宪法和法律进行监督，保障宪法和法律的统一实施。

人民检察院的基本任务是：通过行使检察权，镇压一切叛国的、分裂国家的以及其他危害国家安全的活动，打击危害国家安全的犯罪分子和其他犯罪分子，维护国家的统一，维护人民民主专政制度，维护社会主义法制，维护社会秩序、生产秩序、工作秩序、教学科研秩序和人民群众生活秩序，保护社会主义国家所有的财产和劳动群众集体所有的财产，保护公民私人所有的合法财产，保护公民的人身权利、民主权利和其他权利，保卫社会主义现代化建设的顺利进行。并且，人民检察院通过检察活动，教育公民忠于社会主义祖国，自觉地遵守宪法和法律，积极同违法行为作斗争。

二、人民检察院的组织系统

根据宪法和人民检察院组织法的规定，人民检察院的组织系统由最高人民检察院、地方各级人民检察院和军事检察院等专门人民检察院构成。

（一）最高人民检察院

最高人民检察院是国家最高检察机关，领导全国人民检察院的工作。

（二）地方各级人民检察院

地方各级人民检察院分为：省、自治区、直辖市人民检察院；省、自治区、直辖市人民检察院分院，自治州和省辖市人民检察院；县、自治县、不设区的市、旗、市辖区人民检察院。

省一级人民检察院和县一级人民检察院，根据工作需要，提请本级人民代表大会常务委员会批准，可以在工矿区、农垦区、林区等区域设置人民检察院，作为派出机构。

（三）专门人民检察院

专门人民检察院是在最高人民检察院领导下，在特定的组织系统内设定的检察机关。专门人民检察院主要有军事检察院等。

军事检察院分为中国人民解放军军事检察院，大军区、军兵种军事检察院，省军区、集团军军事检察院三级。

三、人民检察院的职权

人民检察院总体上行使下列职权。

（1）对于叛国、分裂国家等重大犯罪案件行使检察权，这是人民检察院进行法律监督工作的首要职权。

(2) 对公安机关的侦查活动进行监督，批准逮捕、审查起诉。

人民检察院根据法律规定对公安机关的侦查活动进行监督，发现公安机关侦查活动中的违法行为，通知其纠正，保证公安机关办案合法；对公安机关提请逮捕案件进行审查，作出批准逮捕、不批准逮捕或要求补充侦查的决定；对公安机关侦查终结后移送起诉的案件，审查决定是否起诉。

(3) 批准延长侦查期限。

(4) 对刑事案件行使公诉权。

除自诉案件外，其他刑事案件一律由人民检察院依法提起公诉。人民法院开庭审理时，人民检察院应当依法派检察人员出庭支持公诉。

(5) 对诉讼活动的监督和审判监督程序。

人民检察院对人民法院审判活动是否合法进行监督；对审理刑事案件中人民法院违反法律规定的诉讼程序，人民检察院有权向人民法院提出纠正意见。对人民法院的刑事、民事、行政案件中已经发生法律效力的判决、裁定，发现确有错误的，依法定程序提起审判监督程序引起人民法院对该案件再审。

(6) 对刑事案件判决、裁定的执行和监狱、看守所等执行机关的活动是否合法实行监督。

(7) 依法保障公民对于违法的国家工作人员提出控告、申诉的权利，追究侵犯公民的人身权利、民主权利和其他权利的人的法律责任，受理公民的控告、检举和申诉。

四、人民检察院的领导体制

根据宪法和人民检察院组织法的规定，人民检察院的领导体制实行双重从属制，即最高人民检察院领导地方各级人民检察院和专门人民检察院的工作，上级人民检察院领导下级人民检察院的工作。最高人民检察院对全国人大及其常委会负责并报告工作，地方各级人民检察院对本级人大及其常委会负责并报告工作。检察官法和地方组织法中关于地方各级人民检察院检察长任免的规定，也体现了双重领导体制。

国家权力机关对人民检察院的领导主要表现在：全国人民代表大会及

其常委会选举、罢免或者任免最高人民检察院主要组成人员，审议最高人民检察院的工作报告，对最高人民检察院进行各种形式的监督等；地方各级人大及其常委会对同级人民检察院主要组成人员的选举、罢免或任免，审议同级人民检察院的工作报告，对检察院的工作进行各种形式的监督等。

上级人民检察院对下级人民检察院的领导主要表现为以下三个方面。

其一，主要组成人员的任免。

地方各级人民检察院检察长的任免必须报上一级人民检察院检察长提请该级人大常委会批准。省、自治区内按地区设立的和在直辖市内设立的人民检察院分院检察长、副检察长、检察委员会委员和检察员，由省、自治区、直辖市人民检察院检察长提请本级人民代表大会常务委员会任免。对于不具备检察官法规定条件或者违反法定程序被选为人民检察院检察长的，上一级人民检察院检察长有权提请该级人大常委会不批准。最高人民检察院和省、自治区、直辖市人民检察院检察长可以建议本级人大常委会撤换下级人民检察院检察长、副检察长和检察委员会委员。

其二，业务领导。

对下级检察院检察工作给予指示或对专项问题的请示给予答复。当下级人民检察院在办理案件遇到特殊困难时，上级人民检察院及时给予支持和指示，必要时可派人协助工作，也可以将案件上调自己办理。

其三，对业务进行监督考核。

上级人民检察院对下级人民检察院的工作进行必要的检查监督，对业务进行考核评比。通过检查考核，了解下级人民检察院检察官及其他人员的政治素质和业务能力水平，帮助培训，组织学习交流工作经验，以提高下级检察院的业务水平。

人民检察院内部的领导关系是：检察长统一领导检察院的工作。为了保证集体领导，在各级人民检察院设立检察委员会，在检察长主持下，按照民主集中制原则，讨论决定重大案件和其他重要问题。如果检察长在重大问题上不同意多数人的决定，可以报请本级人民代表大会常务委员会决定。

五、人民检察院的工作原则

（一）依法独立行使检察权原则

宪法和人民检察院组织法规定，人民检察院依法独立行使检察权，不受行政机关、社会团体和个人的干涉。这是检察机关的一项重要原则，也是检察机关进行法律监督，实现检察职能的重要保障。人民检察院在办理案件过程中，依法行使检察权，以事实为根据，以法律为准绳，不受任何干扰。人民检察院独立行使检察权，有利于维护社会主义法治的统一实施，保证案件得到公正处理。

（二）公民在适用法律上一律平等原则

宪法和人民检察院组织法都规定，人民检察院在行使检察权过程中，对于公民在适用法律上一律平等。要求人民检察院对任何公民，不分民族、种族、性别、职业、家庭出身、宗教信仰、教育程度、财产状况、居住期限等，在适用法律上都一律平等对待，没有任何享有优越条件的特殊公民，也不允许对任何人歧视。

（三）公民使用本民族语言文字进行诉讼原则

这一原则与人民法院审判活动中的公民使用本民族语言文字进行诉讼原则的性质相同，是宪法中规定的重要司法工作原则。人民检察院在办理案件过程中，对于不通晓当地语言文字的当事人，应当为他们翻译。在少数民族聚居区或者多民族杂居的地区，应当用当地通用的语言进行讯问，用当地通用的文字制作起诉书或其他法律文书。

（四）专门工作与走群众路线相结合原则

人民检察院组织法第11条规定，人民检察院应当接受人民群众监督，保障人民群众对人民检察院工作依法享有知情权、参与权和监督权。各级人民检察院工作人员，必须忠实于事实真相，忠实于法律，忠实于社会主义事业，全心全意地为人民服务。人民检察院贯彻群众路线，主要表现在：依靠群众，揭露犯罪，举报犯罪线索；依靠群众，调查案情，核实证据，有些案件还可以征求群众对案件的处理意见，以利于案件的正确处理；依靠群众，预防犯罪和各种违法行为；倾听群众意见，接受批评、监督，纠正错误，提高法律监督水平。各级人民检察院普遍建立了群众举报中心，直接接受群众对国家机关和国家工作人员违法犯罪行为的检举、控告，由检察机关的各有关职能部门分别依法处理。根据历史上正反两方面经验，人民检察院坚持专门工作与群众路线相结合、以专门工作为主的正确方针是非常必要的，两者不可偏颇。

【风险提示】

人民检察院上下级之间是领导与被领导的关系，其检察长的任命与法院院长的任命有所不同。

【法条指引】

中华人民共和国人民检察院组织法（节录）

第二十条 人民检察院行使下列职权：

（一）依照法律规定对有关刑事案件行使侦查权；

（二）对刑事案件进行审查，批准或者决定是否逮捕犯罪嫌疑人；

（三）对刑事案件进行审查，决定是否提起公诉，对决定提起公诉的案件支持公诉；

（四）依照法律规定提起公益诉讼；

（五）对诉讼活动实行法律监督；

（六）对判决、裁定等生效法律文书的执行工作实行法律监督；

（七）对监狱、看守所的执法活动实行法律监督；

（八）法律规定的其他职权。

第二十四条 上级人民检察院对下级人民检察院行使下列职权：

（一）认为下级人民检察院的决定错误的，指令下级人民检察院纠正，或者依法撤销、变更；

（二）可以对下级人民检察院管辖的案件指定管辖；

（三）可以办理下级人民检察院管辖的案件；

（四）可以统一调用辖区的检察人员办理案件。

上级人民检察院的决定，应当以书面形式作出。

第三节 人民法院、人民检察院和公安机关的关系

【规则要点】

在进行刑事司法活动时，一般来说，公安机关负责侦查活动，人民检察院负责监督工作，人民法院负责审判工作，因此，处理好三者之间的关系非常重要。我国宪法规定三者之间分工合作，互相配合、制约。

【理解与适用】

我国宪法规定，人民法院、人民检察院和公安机关办理刑事案件，应当分工负责，互相配合，互相制约，以保证准确有效地执行法律。刑事诉讼法也作出同样的规定。

人民法院、人民检察院和公安机关的分工负责主要表现在：除人民检察院依法自行侦查的案件及当事人自诉案件外，在办理刑事案件时，公安机关负责对案件的侦查、预审、执行逮捕、依法执行判决，人民检察院负责批准逮捕、审查起诉和出庭公诉、抗诉，人民法院负责审判。刑事诉讼法对三机关各自的工作分工作出详细的规定，各司其职、各尽其责，避免互相推诿扯皮或争夺管辖权。

人民法院、人民检察院和公安机关的互相配合主要表现在：每一机关的工作依法完成后移交下一个环节的工作机关时，都能依法顺利接受并开始新环节的工作。每一个机关在工作上需要另一机关协助时，能依法在职权范围内协助。例如，人民法院决定逮捕犯罪嫌疑人或对罪犯执行某些刑罚要由公安机关执行，人民法院执行死刑可要求公安机关派警察维护秩序，等等。互相配合表明三机关虽然职责不同，但目的和任务是一致的，适用的法律和执行的政策是一致的。三机关在办理刑事案件时，既不能互相对立，又必须坚持原则，严格依照法律，密切配合，以切实保证惩罚犯罪，保障公民的合法权益。

人民法院、人民检察院和公安机关的互相制约主要表现在：三机关通过各自的工作发现另外机关的工作问题，可提出建议要求其纠正：通过下

一阶段的工作审查前一阶段工作是否存在问题，并作出相应的处理。具体表现在：公安机关在侦查过程中，需要逮捕犯罪嫌疑人时要经过人民检察院审查批准，对不予批准的，公安机关认为有错误的，可以要求复议以及向上级人民检察院要求复核。人民检察院对公安机关侦查终结移送起诉的案件，进行审查，决定是否起诉。犯罪事实不清、证据不足的，可以退回公安机关补充侦查或自行侦查。在办理案件中发现公安机关有违法情况，即通知公安机关予以纠正。公安机关对人民检察院的决定认为有错误的，可以要求复议，以及要求上一级检察机关复核。人民法院对人民检察院提起公诉的案件，经审判，根据具体情况和法律作出有罪、无罪的判决。人民检察院认为判决有错误的，可以提出抗诉。对发生法律效力的判决，人民检察院认为有错误的，可以依照审判监督程序通过抗诉引起再审。通过互相制约，可以纠正错误，避免冤假错案，避免放纵罪犯。

分工负责、互相配合和互相制约三者密切相关。只有分工负责，才能互相配合、互相制约；只有互相制约才能保证办案质量。实行分工负责、互相配合、互相制约，才能发挥三机关的整体功能，防止主观片面和滥用权力，保证准确有效地适用法律，以及保护公民的合法权益。

【风险提示】

要厘清公安机关、法院、检察院三者之间的关系，做到既能互相协作又能相互制约而不越权。

【法条指引】

中华人民共和国宪法（节录）

第一百四十条 人民法院、人民检察院和公安机关办理刑事案件，应当分工负责，互相配合，互相制约，以保证准确有效地执行法律。